주식 폭락장을 이기는
다이아몬드
멘탈 가이드

당신께 책 무게만큼의 다이아몬드 가치가

전해지기를 바랍니다.

다이아몬드는 매우 강력하기에
쉽게 깨뜨리기 어려운 광물입니다.
이 책의 단 한 구절이라도
여러분에게 다이아몬드처럼 단단한 투자자의
멘탈을 가질 수 있도록
돕는것이 저의 바램입니다.

주식 폭락장을 이기는
다이아몬드
멘탈 가이드

김규환 저

도서출판 **더 로드**
The Road Books

당신께 책 무게만큼의 다이아몬드 가치가 전해지기를 바랍니다.

지금 당신께서 마음 편한 투자를 하고 계시다면, 이 책은 당신을 위한 책이 아닙니다. 하지만 투자 때문에 돈, 건강, 멘탈 중 하나라도 흔들린 경험이 있는 분이시라면 이 책은 당신을 위한 책입니다.

많은 사람들이 투자를 처음 시작할 때에는 여유자금으로 이익을 조금만 내면 좋겠다는 마음으로 시작하지만 투자는 당신 생각대로 되지 않습니다.

시간이 지날수록 성과는 생기지 않고 불안만 가득한 상황이라면 이 책은 100% 당신을 위한 책입니다.

아직도 이 책을 읽어보기 망설여지신다면, 제가 고안한 다음의 '투자력 확인 4단계'를 스스로 점검해 보시기 바랍니다.

투자력 확인 4단계

투자력 1단계: 스스로 투자 아이디어를 구상하는 것이 가능하다. 다른 사람의 의견을 단순히 받아들이는 단계가 아닌 타인의 의견을 비판적으로 판단하고 투자를 스스로 결정하고 실행하는 단계입니다. 많은 투자자가 실제로는 1단계에 미치지 못하는 경우가 많이 있습니다. 대다수가 스스로 투자와 인생에 대해 생각하고 결정하는 것을 어려워 합니다.

투자력 2단계: 아이디어를 바탕으로 포트폴리오와 세부 전략을 구성할 수 있다.
포트폴리오 내 종목 구성, 투자의 타이밍 등 전략을 설정하고 실행할 수 있는 단계. 전략을 구상하는 것이란 단순히 무엇을 사고 적당할 때 파는 문제가 아니라, 전략의 의미에 대해 설명할 수 있고 스스로 개선을 해나갈 수 있는 단계입니다.

투자력 3단계: 포트폴리오를 바탕으로, 투자자가 크게 신경 쓰지 않아도 장기적으로 운영되는 성과 시스템을 구성할 수 있다.
경제 이벤트에 마음이 크게 흔들리지 않아도 되며, 장기성과를 내는 시스템을 구상·관리할 수 있는 수준입니다.

전설적인 투자자 조지소로스는 이렇게 이야기 하였습니다. "만약 당신이 투자가 재밌다고 여겨진다면, 당신은 아마도 돈을 전혀 벌지 못할 것 입니다. 좋은 투자는 지루합니다." 이 문장들의 의미를 이해하고 시스템을 관리하고 계시다면 당신의 투자는 아마 3단계 이상일 것입니다.

투자력 최상위 단계 : 멘탈이라고 부르는 마음의 힘이 매우 단단하고 어떤 순간이라도 평정심을 유지할 수 있는 높은 성숙의 단계. 최상위 단계는 투자 분야에만 국한되지 않고 다양한 분야의 성공한 사람들이 가지는 그들의 특질, 즉 매우 일관적인 태도와 높은 의식수준을 생각해보면 이해할수 있을것입니다.

점검해 보셨습니까? 그렇다면 당신은 몇 단계인가요?

스스로 최상위 단계라고 생각하신다면, 바로 이 책을 덮으시기 바랍니다. 더 이상 읽는 것은 시간 낭비입니다. 혹시 당신 스스로 최고 단계가 아니라 생각이 든다면, 좀 더 읽어 보시기 바랍니다.

혹시 멘탈이 무언인지 조차 모르신다고요?

그렇다면 정말로 이 책을 잘 찾으셨습니다. 이 책은 온전히 당신을 위한 책입니다. 제가 정의하는 투자 멘탈은 이렇습니다.

투자 스트레스 상황에서도 항상 단단한 마음가짐입니다.

좀 더 말씀 드리자면 멘탈의 요소란, 삶과 투자에 대한 여유 있는 태도, 매사에 긍정적인 마음과 강한 회복 탄력성과 높은 자존감 그리고 지적으로 세상의 이치에 대한 높은 이해 등을 들 수 있습니다. 특정분야에서 크게 성공한 분들이 가지고 있는 훌륭한 자질들은 거의 유사합니다. 특히 단기적 성공에 그치지 않고 장기적으로 성공을 거두고 있는 분이 있다면, 그 배경에는 강한 멘탈이 있을 확률이 높습니다.

저는 현장에서 10년 이상 자산관리업무를 수행하고 있습니다. 많은 투자자를 지켜보면서 느낀 바는 투자력의 1~3단계가 훌륭하더라도 성과를 내지 못하는 경우도 많이 있다는 것이었습니다. 그런 경우에는 투자력 최고의 단계인 멘탈이 많이 허약했기 때문이라고 판단합니다.

그와 반대로 1~3단계의 실력의 밀도가 다소 부족하더라도 멘탈이 강한 사람은 머니게임에서 뿐만 아니라 많은 부분에서 장기적 성공이 가능하다고 여겨집니다. 현장에서의 많은 관찰과 사유를 통해 저는 이 책에서 여러분에게 도움이 될 만한 내용을 준비하였습니다.

이 책에는 여러분의 멘탈 강화를 위한 여러 가지 개념과 실제적 활용 툴을 담았습니다. 단순히 멘탈을 지키는 방법 뿐 아니라 멘탈을 관리에 도움이 되는 기본 지식과 레벨업을 위한 지식을 담았습니다. 그리고 돈관리의 방법, 부자가 되는 법, 최종 목표인 행복한 투자자가 되는 법을 담았습니다. 또한 여러분의 멘탈 수준을 업그레이드 할 다양한 관점과 생각거리를 담았습니다. 만일 당신이 이 책을 끝까지 읽고 스스로 잘 활용할 수 있다면, 당신의 투자는 어느덧 몇 단계는 업그레이드 될 수 있음을 확신합니다. 부디 이 책을 여러분이 잘 보이는 곳에 두시고, 투자가 힘들 때 마다 보실 수 있는 가이더가 되기를 바랍니다.

특히 투자 초보자분들께서는 가정상비약처럼 필요할 때마다 이 책을 펼쳐 보시기 추천드립니다. 이 책에 담고 있는 멘탈을 지키는 유용한 아이디어를 참고한다면 상당한 효과를 거둘 수 있을 것입니다.

다이아몬드 같이 강한 멘탈을 당신께 드리고 싶습니다.

저는 수많은 고객님들의 투자 고충을 공감하고 좋은 솔루션을 찾고자 10여 년 간 노력하였습니다. 그 과정에서 고객님의 멘탈을 꽉 잡아 드릴만한 이야기를 모아 이 한권으로 만들었습니다.

다이아몬드는 매우 강력하기에 쉽게 깨뜨리기 어려운 광물입니다. 이 책의 단 한 구절이라도 여러분에게 다이아몬드처럼 단단한 투자자의 멘탈을 가질 수 있도록 돕는것이 저의 바램입니다. 여러분의 성공 투자를 진심으로 기원하겠습니다.

2021. 12. 20

당신의 투자 멘탈 가이드 **김규환**

Contents
차례

Part_01 당신의 멘탈을
회복시켜 드립니다

Part_02 | 멘탈 관리를 위해
초보자가 꼭 알아야 할
투자지식

Part_03 돈 관리를 알면 멘탈은
강해진다

Part_04 부자되는 법으로
멘탈 잡기

Part_05

행복한 투자자가
되어 보자

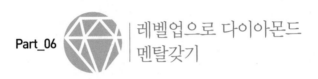

Part_06 레벨업으로 다이아몬드
멘탈갖기

　깨지지 않은 다이아몬드처럼 스스로를 단련하세요

물에 빠졌다는 생각이 든다면 냉정을 유지하자.
그것만으로도 당신은 다시 살아날 수 있다.

PART
01

회복시켜 드립니다
당신의 멘탈을

01_시장의 주사위는 굴러간다

◆

여러분 자신이 투자한 대상이 갑자기 크게 조정을 받는 상황에 처한다면, 어떤 감정을 주로 느끼시나요?

보통은 이런 고민에 빠지게 될것입니다.

"내가 투자한 대상이 하락했군, 나는 잘못된 선택을 했어."

"괜히 투자했어, 이런 대상에 절대로 투자하지 말았어야 했어."

초보 투자자일수록 이런 부정적인 감정을 자주 느끼게 됩니다.

하지만 고수들은 이 부분을 정확히 알고 있습니다.

절대! 지금 이순간이 전부가 아니다!
최종 결과는 아무도 모른다!

물론 여러분이 투자한 대상이 매수 가격을 한참 동안 회복하지 못할 때가 있습니다. 하지만 불리한 상황에서 극단적인 대응과

후회 또는 자책은 대부분 경솔한 판단입니다.

당신께서 생각하는 가치는 절대적으로 정해진 것이 아닙니다. 지속적으로 변화합니다. 더구나 가격이 가치를 제대로 반영하지 못할 때가 대부분입니다. 조정기의 혼란스러운 시세는 투자자들의 혼란스러운 감정에 따라 단기적으로 가격이 움직이는 것일 확률이 높습니다.

저는 한사람의 투자자로서, 자산관리자로서, 현장에서 수도 없이 많은 반전의 경우를 보았습니다. 여러분이 스스로 투자 초보자라 생각하신다면, 오랫동안 투자를 생각해 본 사람으로 절대로 스스로를 자책하고 속단하지 않으셨으면 합니다.

만일 훌륭한 대상에 투자했고, 자신의 선택이 합리적이었다면, 매도보다는 조금 기다려 보는 것이 좋습니다. 매일의 시세는 무작위 주사위 굴림의 연속일지도 모릅니다.

초보 투자자는 매일 주사위 굴림을 바라보면서 4,5,6이 나오면 기뻐하고, 1,2,3의 눈금이 나오면 슬퍼합니다. 하지만 그렇게 느낄 이유가 전혀 없습니다. 매도 후 손실 혹은 수익을 확정하기 전에는 완전히 투자를 마무리 한 것이 아닙니다. 끝날 때까지 끝난 것이 아닙니다.

기억해야 할 것은, 시장에서 주사위가 연속으로 6의 눈금을 나오는 경우는 물론 1의 눈금이 연속으로 나오는 경우도 시장에서는 자주 있다는 것입니다. 아래의 문장을 깊이 이해해야 합니다.

가격과 가치는 원래 일치하지 않는 것이 정상이다.

당신이 투자한 대상이 훌륭하고, 신뢰가 가는 부분이 있거나 혹은 시대적인 빅 트렌드에 동참하고 있다면, 지금 부진한 상황이라도 너무 실망하지 마시기 바랍니다.

아이가 성장하는 모습을 부모님이 따뜻한 눈빛으로 지켜보듯, 단기적인 출렁임에 대해서도 너무 슬퍼하지 마시기 바랍니다.

시간이 지나면 대부분 아이는 어른이 되어가고, 투자 대상은 가치가 드러나면서 가격이 따라가게 됩니다.

매순간 변화하는 주사위 놀음에 자주 일희일비하지 않는 것이 괴로움에서 벗어나는 극복의 시작입니다.

단기적 시세 변화에 너무 많은 에너지를 낭비하지 마시기 바랍
니다. 당신이 제대로 된 투자를 했다면, 투자 대상이 성장할 시
간을 충분히 주어야 합니다.

또한 조정 받은 지금 이 순간의 당신 투자의 전부가 아님을 이
해해야 합니다.

02_ 투자는 원래 힘든 법이다

◆

　　　무지는 공포를 부르고, 헛된 상상력은 당신을 패배로 몰아넣습니다.

미국의 사상가이자 시인인 에머슨(Ralph Waldo Emerson)은 이렇게 표현했습니다.

"공포와 두려움의 근원은 무지함이다."

사전적으로 '무지' 라는 단어에는 이러한 뜻이 있습니다.

무지(無知) : [형용사] 1. 아는 것이 없다.

　　　　　　　　　　　2. 미련하고 우악스럽다.

당신의 이야기일지도 모르는 투자 이야기

언젠가부터 주변에서 주식투자로 돈을 크게 벌었다는 이야기가 자주 들려옵니다. 당신은 어느 순간부터 이렇게 가만히 나 혼자 손놓고 있으면 안 될 것 같다는 생각을 하게 됩니다. 어릴 적부터 주식투자를 하면 패가망신한다는 말에 겁먹고 있던 당신이지만 떠밀리듯 결국 실전 투자에 뛰어들고 맙니다.

당신은 평소 알던 A회사의 뉴스를 찾아봅니다. 마침 A사의 제품이 시장에서 향후 폭발적으로 판매될 것이라고 합니다. 마침 여윳돈을 쥐고 있던 당신은 A회사 주식을 매수합니다. 다행히 수익이 조금 생겼습니다. 작은 금액을 투자하니 별로 부담도 생기지 않아서 퍼펙트하게 수익을 얻고 매도합니다. 기쁨에 취해 친구들에게 '기프티콘'을 보내면서 자랑도 하고, 스스로 투자에 소질이 있다는 생각을 하게 됩니다.

첫 투자에 자신이 생긴 당신은 마이너스 통장까지 개설해 돈을 더 넣기로 합니다. 거침없이 평소에 눈여겨보았던 B회사에 투자를 합니다. 물론 처음의 방법처럼 B회사 관련뉴스 몇 가지를 확인한 후 조심스레 매수를 실행합니다. 하지만 주가는 천천히 내리기 시작합니다. 답답한 마음에 주식 카페에 가입해 투자자들이 쓴 이런 저런 글을 읽어봅니다. 'B사 글로벌 경쟁으로 매출 부진예상, 투자의견 하향, 장기전망 부정적'

이라는 레포트가 눈에 띄었습니다. 그리고 그 레포트에 상당히 고수로 여겨지는 누군가의 부정적인 댓글을 보고 마음이 흔들려 실수를 인정하고 손실을 확정하는 매도를 합니다. 기분이 후련하지만 속은 쓰립니다. 그런데 며칠 후 B회사의 주식은 다시 상승합니다. "아차!" 하고는 서툴렀던 손절 판단이었음을 인지하고 다시는 성급하게 주식을 매도하지 않겠다는 다짐을 합니다.

얼마의 시간이 지난 후, 직전의 실수를 교훈삼아 주식으로 돈을 벌었다는 주변 지인의 추천으로 "지인 추천 주식"을 삽니다. 초기에는 조금 오르는 듯 하더니 또 다시 주식은 하락합니다.

지인은 역시 믿지 못한다는 확신과 함께 당신은 자신이 투자공부를 완벽하게 못했다는 사실을 뜨겁게 복기하고, 온갖 정보방과 뉴스를 검색합니다. 그에 더해 평소에는 읽지도 않던 증권 관련 책 몇 권을 사서 기술적 지표, 기본적 지표까지 모든 연구를 완료하고 최근 뉴스와 리포트까지 전부 확인하여 투자해보지만, 조금 오르는 것 같더니 다시 하락으로 손실을 겪게 됩니다. 혹시 당신의 투자도 이렇지 않나요?

뉴스와 리포트를 연구한다면 성과가 날까요?

투자 초보자는 미디어의 뉴스를 읽고 자신이 투자를 위한 공부를 어느 정도 했다고 생각합니다. 또한 대부분 초보 투자자는 뉴스 혹은 리포트에서 나오는 의견을 그대로 사실로 믿어 버리는 실수를 범하게 됩니다. 여기에서 대부분의 비극이 시작됩니다. 공부를 많이 하고 잘하는 것만으로 투자라는 행위에서 돈을 벌 수 있다면, 천재들은 모두 주식시장에 있을 겁니다.

미디어는 스스로의 이득에 의해 정보를 만든다.

기사를 통해 돈을 버는 미디어는 그들의 비즈니스에서 중요한 조회 수를 늘리기 위해 기사 내용을 자주 자극적으로 표현합니다. 회사에서 신제품을 출시하면서 아무런 과장이나 포장도 하지 않고 시장에 보도자료를 내보내는 마케터는 없을 것입니다.

이러한 맥락에서 그럴듯한 지식과 정보로 잘 꾸민 리포트는 대부분 매수 의견을 내놓게 됩니다. 특정 섹터의 의견은 대부분 압도적으로 매수 의견이 매도 의견보다 비율이 큽니다. 증권 애널리스트는 대부분 시장의 관심으로 평가를 받기 때문에 매수 의견을 내세울 때 굉장히 자극적이며, 상상이 가득한 스토리를 극적으로 꾸며내어 자신이 작성하는 대상을 가장 좋은 투자처로 만드는 전문가들입니다. 물론 사실에 기반하는 멘트이기는 하지만 대부분 스스로의 의견 영역일 뿐입니다. 그들또한 마케팅 사이드의 전문가로서 과신하는 것은 금물입니다.

정보가 부족한 것이 아니다. 투자의 지혜가 부족한 것이다.

가끔 스스로가 무지해서 투자성과가 좋지 않다고 생각하는 투자자에게 꼭 말씀드리고 싶은 사실이 있습니다. 투자대상이 어쩌다가 하락하면, 자신이 당 기업에 대해 제대로 이해하지 못하고 있다고 생각하고 종목을 공부하려고 하는 분이 많습니다. 종목 공부도 좋지만 그것보다는 투자행위라는 본질에 대해 잘 이해하고 있는가의 문제를 고민해 보시길 권해드리고 싶습니다.

아무리 좋은 대상을 고르더라도 시장의 상황에 따라 매우 저렴하게 거래 될 때가 있고, 시시한 종목이라도 시장의 상황에 따라서 매우 비싸게 거래되기도 합니다. 그리고 확률의 문제에 대해 이해할 수 있다면, 과도한 상상력을 불러일으키는 일은 줄어들것입니다.

투자자에게 중요한 것은 지속적으로 투자력을 키우는 것이고, 좋은 프레임 혹은 수준 높은 전략을 가져가는 일입니다. 혹시 여러분이 매일 들여다보며 일희일비하는 것이 당신의 투자방식이라면 그것을 바꾸어 볼 필요가 있습니다.

핵심요약

시중의 정보들에 대해 너무 귀 기울이지 마시기 바랍니다. 그들의 의견을 청취할수록 부자가 되는 것은 정보를 만든 그들입니다. 당신의 투자는 정보가 부족해서 어려운 것이 아닙니다. 투자를 성공할 지혜가 부족한 것입니다.

03_ 물에 빠졌을 때는 침착하게 대처하자

◆

투자를 하다보면 어려운 상황은 항상 찾아옵니다.

삶과 투자의 중요 원리 중 하나는 '공짜는 없다' 는 것입니다. 누군가 부자가 되어 시간과 돈으로부터 자유를 얻고 싶다면, 적절한 대가를 지불하고 결과를 얻어야 할 것입니다. 세상살이가 그러하듯 투자에서도 어려운 순간을 항상 피할 수는 없습니다. 그 순간은 성장하고 존재하는 대상들에게는 반드시 찾아오게 됩니다. 투자를 하는 상황에서 예상치 못한 하락은 투자자를 마치 물에 빠진 것처럼 느끼게 합니다.

"정말 이제 어떻게 해야 하지?" 하는 고뇌와 함께 대응하기 힘든 순간이 다가옵니다. 그 순간 우리는 어떻게 해야 할지 스스로에게 자문하게 됩니다.

그럴 경우 대부분 깊은 물에 빠졌을 때처럼, 손실이 깊어지면 깊어질수록 정상적 판단이 힘들어집니다. 고통의 시간은 너무나 강렬하기 때문입니다. 이럴 때는 어떻게 하든 이성을 놓지 않아야 합니다.

만약 물에 빠졌을 때는 더 깊은 물에 들어가 보자.

누군가 물에 빠지면 이렇게 하라고 말합니다.

> "만일 당신이 물에 빠지더라도 온 정신을 집중하고
> 더 깊이 물에 들어간다고 생각하세요. 그러면 부력 때문에
> 몸이 위로 올라가면서 서서히 떠오르게 됩니다."

어쩌면 초보자가 지혜롭지 못하게 투자를 반복하는 행위 자체는 물에 빠지는 행위를 반복하는 것과 같을지도 모릅니다. 고수라도 해도 매번 투자가 성공적일 수는 없습니다. 하지만 물에 빠진 것 같은 기분이 자주 드는 것은 자신이 아직 초보라는 증거입니다.

처음 투자를 결정할 때와 상황이 얼마나 달라졌는지를 점검해 보자.

투자자는 매순간 바짝 정신을 차리고 현실을 정확히 읽어야 합니다. 내가 처음 투자를 하려고 생각했던 근거와 이유 그리고 향후에 나올 가상 스토리까지 그려보아야 합니다.

선택에 후회가 된다면, 처음 투자할 때의 상황과 현재 변한 것을 생각해 보아야 합니다. 투자 대상에 잠시 악재가 생긴 것인지를 확인하거나 아니면 기업 자체의 토대 변화와 완전한 트렌드의 변화에 대해서 다시 점검해 볼 필요가 있습니다. 타인의 의견을 모두 수용해서는 안 됩니다. 그들은 단순하게 떨어지는 종목은 나쁘다, 오르는 종목은 좋다고 이야기할 확률이 높습니다.

위기라면 마음을 단단하게 가져야 합니다.

직업인으로 수년간 시장을 관찰한 결과, 당신이 확신에 차서 투자한 대상은 생각했던 것 이상으로 훨씬 깊게 하락할 가능성이 높습니다.

하지만 그곳에 기회가 있습니다. 투자자는 손해가 깊어진다고 두려워 말고, 이것이 기회인지 위기인지 다시 분명히 생각해 보고, "추가로 더 자금을 동원할 수 있을 것인가?" "당장 필요한 돈인가?"에 대해 깊게 고려해보아야 합니다.

그리고 반드시 다가올 반등의 분위기를 제대로 이용해야 합니다. 우리 몸이 물속에 더 깊이 들어갈 때 부력을 받는 것처럼, 시간이 지나면 투자 대상도 떠오르게 마련입니다. 시간과 평균적 회귀라는 현상의 힘을 믿어야 합니다.

침착하게 살아서 나오자.

스스로 투자의 손실에 빠졌다는 자각을 할 때는 침착하게 주변을 살피면서 대응책을 찾아야 합니다. 몸에 힘을 주고 허우적거리면 더욱 힘이 듭니다. 물의 흐름에 맡기는 것처럼 시장의 흐름에 맡겨 보시고, 빨리 움직이기보다는 정신을 빨리 차리고 향후를 대비해야 합니다. 물에 빠졌다면 냉정을 찾기 위해 노력해야 합니다.

핵심요약

물에 빠졌다는 생각이 든다면 냉정을 유지하자. 그것만으로도 당신은 다시 살아날 수 있다.

04_ 예상보다 큰 조정이 왔다면

◆

당신이 지금 투자한 대상의 가격 수준을 판단할 수 있다면, 스스로 침착함을 유지하는 데에 도움이 될 것입니다. 예상보다 큰 조정상황에서 이것이 과도한 조정인지를 판별하는데 도움이 되는 아이디어를 드리겠습니다.

시장의 조정은 물음표가 줄어들면서 안정된다.

매순간 변화하는 세상에서 적응의 능력은 인간에게만 주어진 능력이 아닙니다. 우리가 투자를 하고 있는 시장에서도 "위기 후의 적응"은 주요 작동 원리입니다. 현대 시장의 평균적인 시세 변동폭은 과거보다 더욱 커지고 있습니다. 그 이유로 과거보다 정보의 양이 엄청나게 많아졌고, 통신기술의 발달로 정보의 전달속도도 빨라졌으며, 시장참여자의 수도 엄청나게 늘어났기 때문입니다.

어떤 리스크가 발생하면, 과거보다 훨씬 과격한 시세의 변화와 더불어 더 많은 부정적 뉴스가 양산됩니다. 변동성이 큰 만큼 그 반대의 호재에는 전체적인 상승의 기회도 더 많이 출현합니다. 조정 후의 회복도 더욱 빠릅니다.

위험은 "추가적 불확실성 출현 가능성"과
위험의 "통제가능성"에 대한
두가지 주제로 판단해야 합니다.

이 두 가지에 대한 물음표가 줄어들면, 시장은 안정이 시작됩니다.

인간은 생존을 위해 두려움이라는 감정을 이용한다.

먼저 물음표, 즉 잘 모른다 라는 공포에 대해 이해할 필요가 있습니다. 인간의 마음속에는 두려움과 긍정이라는 서로 다른 색의 두 개의 풍선이 있습니다.

두려움이란 풍선은 조금만 불어도 크게 부풀려지고
긍정이라는 풍선은 서서히 부풀어집니다.
부정은 긍정보다 빠릅니다.
투자에서 하락이 상승보다 속도가 빠른 이유가 여기에 있습니다.

지금 이 순간에도 위기의 상황에서 수많은 불확실성이 확실성으로 변해 눈 녹듯이 사라지고, 또 새로운 불확실성이 도처에서 생겨나고 있습니다. 투자자 마음속의 풍선은 도처에서 부풀어 오르거나 작아집니다. 아무리 긍정뉴스가 많은 상황이라도 인류의 심리 특성상 마음속에 근심이 없는 상황은 거의 없습니다. 생존을 위해 인류 뇌 속에는 본능을 관장하는 파충류의 뇌라는 것이 매순간 멈추지 않고 작동합니다. 크게 보이던 고통은 시간이 지나면 작아지고, 작게 보이던 고통은 또다시 집채만큼 커집니다. 이것은 진화의 결과이기에 자연스러운 일입니다.

이러한 특성으로 인해 인간의 뇌는 구조적으로 자주 감정적인 판단과 액션을 합니다. 그래서 투자자는 의식적으로 본능을 제어할 수 있는 능력을 키워야 합니다.
불확실성은 자연스러운 것입니다.

수많은 투자자들 각자의 비이성의 작용으로 이루어지는 시세를 100% 이해하려는 것은 욕심이며, 또 그 작용에 대해 생각하는 것 또한 쉬운 일이 아닙니다. 어찌 보면, 불확실은 시간이 만들어내는 선물일지도 모릅니다. 그것을 선물로 생각할지 고통으로 받아들일지는 투자자의 역량과 자세에 달려 있습니다.

추가적 불확실함 그리고 통제 가능성이 키포인트

빨간 풍선과 파란 풍선처럼 불확실함에도 두 가지가 있습니다. 투자자에게 긍정적 기대는 매수의 에너지가 되고, 부정적 기대는 통상 가치 하락을 떠올려 매도의 에너지가 됩니다. 하지만 그 기대는 시간이 지나 확정적인 뉴스가 나올 때 마다 기정 사실로 변화하게 됩니다.

위험을 판단할때는 불확정적인 상황 즉 "모른다"라는 부분이 가장 중요한 포인트입니다. 투자자는 자신의 지혜로움을 무기로 추가적 위기의 불확성 출현을 예상하고 리스크를 이해해 내가고 대비해 나가야 합니다.

큰 위험이 왔지만 추가적인 뉴스가 생성 되기
어려운 상황이라면 이제 반전의 시기일 확률이 높습니다.
하지만 더 위험한 뉴스가 갑자기 출현하거나
보이지 혹시 위험의 추가적인 불안이 고조 되고 있다면
시세는 더욱 약세를 이어 갈것입니다.

하지만 끝나지 않는 조정은 없는 것처럼 "불확실성은 시간이 지
나면 대부분의 것이 기정 사실이 되는 상황으로 변하면 더 이상
위험은 위험이 아닐 것입니다. "

특히 부정적 불확실성을 볼 때는 먼저 다음을 깊이 생각해보아
야 합니다.

통제 가능한가?
통제가 불가능한가?

시장에서 통제가 가능한 리스크는 사건의 규모가 크더라도 시
장 참가들이 큰 하락을 예상하지 않으며, 통제가 불가능한 리스
크는 큰 하락을 예상하게 됩니다. 통제 불가능한 것이 공포를

불러 일으키는 주요인이기에 깊게 이해해 볼 필요가 있습니다.

통제 가능성에 대해 생각해 볼 포인트

통제할 힘을 가진 존재(조직)은 누구인가?
통제할 의지를 얼마나 가지고 있는가?(개선 속도)
통제력을 어느 정도 가지고 있는가?(통제 가능성)

어떤 문제가 발생했을 때, 위기 통제를 할 수 있는 명확한 주체가 있고 강한 의지를 지니고 빠르게 제어할 수 있다면, 불확실성은 그다지 크지 않을 것입니다.

2020년의 코로나 이슈가 단기에 큰 충격을 보여 주었던 것은 바이러스는 통제가 어려우며, 처음 겪어 보는 종류의 리스크이기 때문에 대응이 쉽지 않았기 때문입니다.

시장 참여자들도 코로나 퇴치를 위한 속도가 상당히 어렵고 시간이 많이 걸릴 것이라고 예측했으며, 통제력의 존재 여부에 대한 궁금증을 가지고 있었습니다.

통제 가능성은 주로 사람(집단)이 만들어 냅니다. 충분한 시간과 적절한 대응 가능성은 가장 중요한 위기통제의 변수가 됩니다. 경제위기 당시 통제력을 가진 각국 정부의 강력한 유동성은 백신과 치료제를 통한 회복의 시간을 벌어주었다고 할 수 있습니다. 코로나라는 경기침체의 위기를 초기에 재무적인 방법으로 통제하면서 시간이 흐르자 자연히 충격이 작아졌다고 할 수 있습니다.

불확실성 게임의 법칙을 이해해야 한다.

시간이 약이라는 말처럼 대부분의 불확실함은 시간이 지나면 거의 해결이 되거나 큰 문제가 되지 못합니다. 그리고 통제 가능성은 사람으로 인해 제어가 가능한 부분입니다. 그래서 우리는 투자를 함에 있어서 "시간과 사람"이라는 두 핵심 위험 통제 주체에 대해 잘 이해해야 합니다. 그리고 투자자들께서는 위험이 꼭 나쁜것만은 아니라는점을 공감해 주었으면 합니다. 더 많은 위험은 더 많은 기회를 불러 옵니다. 현대사회에서는 정보의 양이 기하급수적으로 생성되는 추세입니다. 그로 인해 더 자주, 더 많이 극심한 변동성과 불확실성이 생길 것이며, 폭발적인 자산 투자의 기회는 확연히 더 많아질 것입니다. 그렇다면, 현대

사회의 투자자는 더욱 시세의 불확실함을 즐겨야 하며, 통제 불가함을 현명히 판단한다면 큰 이득도 얻을수 있다는 점을 전해 드리고 싶습니다.

위기가 발생했다면, 사건의 향후 추가적 불확실한 사항이 발생할 요소를 살펴 봅니다. 물론 추가 사건이 나올지라도 시간이 지나면 대부분의 것은 적응하거나 해결이 됩니다. 하지만 현명한 판단을 위해서는 이 시간론을 잘이해해야 하며,상황의 통제 가능 여부를 살펴 보아야 합니다. 통제가 가능하다면, 통제 가능 주체의 즉각적 제어 능력에 따라 위험의 강도는 결정 됩니다.

05_통제 불가능한 대상 다루기

◆

세상에는 의도대로 되지 않는 일이 더 많다.

선택에 대해 생각해 볼 문장을 전해 드리겠습니다.

가장 합리적인 선택이 가장 좋은 결과를 만들지 않는다.

투자자는 수많은 합리적인 준비 그리고 철저한 확률적 기반 선택을 하더라도 가장 좋은 결과를 만드는 것은 불가능하다는 것을 잘 이해해야 합니다. 여러 가지 이유가 있겠지만, 운이나 불운 같은 도저히 통제될 수 없는 부분이 세상에는 존재하기 때문입니다.

투자가 어려운 이유는 스스로의 통제 불가로 인한 무력감을 자주 느끼기 때문이다.

아래와 같이 표현하면 그 무력감이 잘 공감될 것입니다.

투자자가 직접적으로 투자대상의 가치 상승과 하락을 위해 기여할 수 있는 것은 없다.

누군가가 특정 대상에 이미 투자했다면, 매도를 하기 전에는 그저 그 결과를 담담하게 수용하는 일밖에는 할 수 없습니다. 이것이 높은 기대 수익률에도 불구하고 주식에 투자하는 것이 어려운 이유입니다.

날씨 변화를 대처하는 방법으로 투자에 접근해 보기

저금리 시대에는 현금을 그냥 놔두면 벼락거지가 되는 시기입니다. 하지만 투자를 하려니 너무 어렵고 두렵습니다. 이러한 어려움을 극복하기 위한 솔루션으로 투자와 불가항력적 성질이 유사한 것들에는 어떤 것이 있는지 말씀드리려 합니다. 매우 성질이 유사한 대상이 있다면, 그것을 제어하는 힌트를 통해 투자에 좋은 솔루션을 얻을 수 있기 때문입니다.

큰 고민 없이 투자와 닮은 한 가지를 선택했습니다.
바로 기후 혹은 날씨 변화입니다.

날씨도 투자의 결과처럼 맞추기 어렵다.

같이 생각해 보겠습니다. 예를 들어, TV에서 내일은 40%의 확률로 지역에 따라 비가 온다는 일기예보가 나왔다고 가정합시다. 이 일기예보를 시청한 학부모는 자녀들에게 장화를 신기고 우산을 챙겨 줘야 할까요? 챙겨 주지 않아야 할까요?

학부모는 자신의 상황에 비춘 확률에 따라 판단해야 할 것입니다. 과거 일기예보에서는 단정적인 표현을 많이 사용했습니다.

"내일은 전국적으로 비가 오겠습니다."

지금은 조금 다르게 표현합니다.

"비가 올 가능성이 높으니 우산을 챙기시기 바랍니다."라고 합니다. 날씨를 확률로 표현하는 것입니다. 대부분의 현대인들은 경험상 그 누구도 날씨를 정확하게 맞출 수 없으며, 날씨를 쉽게 통제할 수 없다는 사실에 공감하고 있습니다. 예측 기술이 고도화되는 추세이긴 하지만, 완벽하게 맞추거나 예측하는 것을 기대하는 사람은 없습니다.

투자도 마찬가지입니다. 대부분 경제적 예측은 어렵다는 것을 이해합니다. 코로나 팬더믹을 예로 들어 보겠습니다.

수많은 전문가들은 입을 모아 "코로나 팬더믹은 장기화 될 것이고, 이겨내기 어렵다."라는 예측을 내어 놓았습니다. 더하여, 시장에서 상당히 이름이 높은 전문가 또한 "증시는 수년간 하락 상태 L자의 패턴을 유지할 것"이라는 예측을 내놓았습니다. 하지만 실상은 어떠했나요? 누군가가 결과를 정밀하게 예측한다고 해도 결과는 불확실할 수밖에 없습니다. 이러한 이유로 불가항력을 기상 상황에 대처하는 아이디어를 투자에도 적용해 보려 합니다.

불가항력에 대응하는 3전략

A. 프레임(관점)을 전환

불가항력을 인정하는 것이 제일 먼저입니다. 특정 대상을 있는 그대로 인정을 하게 되면 관점은 바뀌게 됩니다. 투자대상은 당연히 등락을 거듭하며 예측이 어려운 것이라는 '마인드 셋(mind set)'을 하고, 다음 결과를 단기간에 맞추려는 욕구를 낮추고 변동성과 불가지론을 인정합니다. 이 관점을 탑재한다면, 투자가 좀 더 편안하게 보일 것입니다. 다음과 같은 예로써 설명이 가능합니다.

＊훌륭한 투자 대상에도 1년에 고점 대비 20~30%가량 하락하는 일은 자주 있다!

＊옳은 투자를 하였다면 결과는 내가 어떻게 할 수 있는 일이 아니다.

＊단기 하락으로 본인의 판단이 틀렸다고도 말할 수 없다.

B. 사전 대응 전략을 세운다.

불가항력적인 것을 대응하기 위해 전략을 사후가 아닌 사전에 세우면 도움이 됩니다. 홍수가 자주 일어나는 지역에 홍수를 대비한 예산을 투여하여 방비를 하는 것처럼, 조정이 자주 일어나는 대상이라면 조정에 대한 방비를 해야 할 것입니다.

꼭 추가 자금을 준비하지 않더라도 메뉴얼을 가져보는 것처럼 계획을 마련하여야 할 것입니다.

위험이 존재하는 것을 알면서도 대비하지 않는다면,
위기를 몇 번 거쳐도 같은 위기에 직면하기 때문입니다.

특히 이 전략을 시스템적으로 준비한다면 불가항력적인 상황에서도 스트레스가 상당히 감소할 것입니다. 예를 들면 다음과 같은 전략을 세울 수 있습니다.

＊자금 전략 : 지수를 기준으로 기준점 대비 10% 이상 하락 시 1천만 원 자금 확보 후 매수
＊포트폴리오 전략 : 안전 자산을 일부 보유하여 위기 시에 활용할 수 있도록 구조화한다.

C. 위기를 기회로 전환해 보기

불가항력적 요소를 이용해서 이득을 얻는다는 생각을 해야 합니다. 이러한 발상은 가장 훌륭한 전략입니다. 이 개념은 시장의 방향을 예상한 다음 반대로 대응을 한다는 단순한 의미가 아닙니다. 장기간 가뭄이 지속되면 그로 인해 고통을 받는 다수의

사람들도 있지만, 반대로 가뭄으로 이득을 보는 측면 또한 분명히 존재합니다.

예를 들어, 많은 이들이 코로나 팬데믹으로 고통을 받을 때, 사업을 하시는 분이라면 좀 '언택트(un-contact)' 또는 '온택트(on-contact)' 추세에 발맞추는 변화를 시도해보거나, 투자자라면 변화된 상황에 걸맞은 관점을 채용해 이해와 대응의 방법을 강구해 보는 것입니다. 불가항력은 누군가에게 단단한 위험이지만, 잘 활용하는 사람에게는 커다란 기회가 됩니다. 날씨와 투자라는 불가항력적인 것들을 다루어 방법을 이야기해 보았습니다.

우리는 날씨와 투자결과를 바꿀 능력이 없다는 것을 인정해야 합니다. 널싸변화에 대응하는 것처럼 기온이 높으면 얇은 옷과 시원한 물을 자주 마시면 됩니다. 또 무더운 순간들을 조금만 이겨내면, 시원한 가을이 곧 찾아옵니다.

주식 폭락장을 이기는 다이아몬드 멘탈 가이드

06_위기가 최고의 기회인 이유

◆

　　　이미 큰 성공을 경험하신 분들은 강하게 공감하실 주제라고 생각합니다. 혹시 당신이 위기 상황이거나 위기는 위기일 뿐이라고 여기신다면, 이 챕터를 매우 진지하게 읽어 보시기 바랍니다.

베틀을 함께 짜면 기회가 생긴다.

우리 삶은 수많은 위기로 이어져 있습니다. '위기(危機)'라는 단어 중 한자 '기(機)' 자는 '기회(機會)'라는 단어 중에 나오는 '기(機)' 자와 같습니다. 바로 '베틀 기(機)' 자입니다. 옛 사람들도 잘 알았던 것 같습니다. 나는 '베를 짜는 베틀(機)을 모으니(會) 기회(機會)가 생긴다'는 뜻을 참 좋아합니다. 서로 협력하면 위기를 탈출하기 쉽다는 뜻이 되니까요. 위기의 사례들을 제가 상세히 이야기하지 않아도 금융가에서는 위기 뒤에는 큰 반전이 늦지 않게 찾아왔습니다.

하락 시세의 움직임은 상승보다 매우 강력합니다. 미국의 라디오 토크쇼 진행자이자 칼럼니스트인 데니스 프라거(Dennis Prager)는 다음과 같은 공식을 제시하였습니다.

$$불안 = 상상 - 현실$$

위기가 다가온다는 뉴스가 퍼지는 순간, 시장에서는 불안감이 점점 고조됩니다. 투자자들은 위기에서 오는 절망적 공포의 두려움으로 감정적인 매도를 많이 하게 됩니다. 특히 현실에 대한 분석이나 합리적 판단과는 전혀 관계없이 급속도로 매도가 이루어집니다. 이것은 위기마다 매번 반복되는 현상입니다. 인간의 내면의 생존의 본능, 자기방어 심리, 불행 회피의 충동 등 온갖 부정적인 것들로 인한 하락시세는 기록적인 조정상황을 종종 만들어 냅니다. 물론 인류가 가진 상상력은 대단한 일들을 해내지만, 반대로 매우 비합리적인 대응도 반복하게 합니다. 위기 순간의 투자자는 왜곡된 현실감각을 가지면 스스로 가상의

공포를 만들어 내기도 합니다. 이처럼 우리가 자주 찾아오는 위기들을 현명하게 이겨 내려면 먼저 다음과 같이 해야 합니다.

과도한 상상력을 줄이고
현실감각을 살려야 합니다.

위기관리에서 중요한 것은 손실종목을 매도하는 것이 우선이 아니라, 이성을 찾는 것이 먼저입니다. 그리고 현실을 제대로 자각해야 합니다. 특정 대상에 스스로 확신을 가지고 투자를 했는데, 하락세로 불안하다면 현실을 냉철하게 살펴보아야 합니다. 그래야 큰 실수를 줄일 수 있습니다.

배의 문제일까? 날씨의 문제일까?

투자를 먼 바다로 출항하는 배에 비유해보겠습니다.
상식적으로 먼 바다를 떠난 배가 재난을 만났다면, 보통 그 재난의 문제는 어디에 있을까요? 배가 문제일까요? 날씨가 문제일까요?
대부분의 위기는 날씨에서 옵니다. 튼튼한 배라면 날씨가 아무리 험악해도 시간이 지나면 충분하게 폭풍우를 이겨낼 수 있습니다. 인류의 역사를 살펴보았을 때 큰 위기 이후에 그것을 극복하기 위해 혁신적인 것들이 생겨나며, 그로 인해 세상은 더 나아집니다. 월스트리트에는 이런 격언이 있습니다.

상승은 계단으로, 하락은 창문으로

이 격언을 생각해보면 주가의 상승은 인간이 계단을 오르는 것과 같은 '단계적 의심의 강도'로 해석될지도 모릅니다.

단계적 의심의 강도의 예를 들면 "과연 이 투자대상은 이만한 가치가 있을까?"라는 의미의 말들이 시장에 팽배해야 그 대상 종목은 지속적으로 상승합니다. 투자 확신이 확대되는 순간은 매도자가 등장하는 시기입니다. 창문으로 떨어지는 하락 시에는 상상이 가져온 충동으로 빠른 속도로 시세가 변동합니다.

수없이 반복된 위기 상황의 투자자 행동 매커니즘은 이러합니다. 갑자기 위기가 감지되는 순간, 투자자들은 뒤도 돌아보지 않고 감정적인 매도 액션을 취합니다. 현실은 전혀 고려하지 않고 반사적으로 움직이게 됩니다. 그리고 조금 잠잠해지면 다시 매수를 감행합니다. 또다시 위기로 매도를 합니다. 그리고 그것을 몇 번 반복하다 보면 투자자의 원금은 거의 남지 않습니다.

위기 상황에서의 투자자는 스스로에게 말하는 자신과의 대화인 내면의 대화를 주의 깊게 해나가야 합니다. 그 내면의 대화는 남들은 들을수 없지만 자신에게는 천둥처럼 들리게 됩니다. 위기에는 다른 언어를 준비해야합니다.

생존에 대한 욕구 인해 자신의 내면에서는 스스로에게 이런 대화를 시도합니다.
"당신, 이제 시장은 끝났어! 조금 남은 금액도 잃을 셈이야?"
"가격이 거의 제로 수준으로 향할 거야. 빨리 도망쳐!"

반대로 긍정의 언어를 준비해 보시기 바랍니다.
"이 또한 지나간다."
"팔기 전에는 아무것도 확정되지 않는다."
"이 시간만 지나면 분명 좋은 시간이 온다"

긍정의 문장을 스스로 준비해야 할 필요가 있습니다. 특히 시대적 흐름을 동반한 훌륭한 투자대상(지수, 산업, 초 우량주)일 경우는 더욱 크게 스스로에게 이야기 해야 합니다. 이런 내면의 대화가 더욱 자주 오갈 때 반대로 위기 후 최고의 매수타이밍이 성큼 다가온 때일지도 모릅니다.

시세는 확신 없는 상상(의심)으로 시작하여, 확신 어린 상상으로 끝나게 되는 상상과 현실의 끝없는 줄다리기 일지도 모르겠습니다. 어떤 상황에서라도 투자자는 절대로 다음의 교훈을 잊지 말아야 합니다.

우리의 삶에서든 금융에서든 위기는 기회임에 틀림없다.

핵심요약

위기는 반드시 기회가 됩니다. 위기를 잘 활용하는 사람은 큰 부를 얻을수 있습니다. 당신 스스로 긍정적 내면 언어를 좀 더 가다듬어 보시기 바랍니다.

07_ 가장 힘들때는 타인과 함께하자

◆

공부는 인생의 해상도를 높인다.

누군가 이런 말을 했습니다.

공부를 열심히 한다고 해서
다 성공하는 것은 아니지만 남들이 보지 못하는 것을
보면서 인생의 해상도를 높일 수 있다.

학문을 통하여 얻은 인식의 확대는, 세상을 좀 더 넓고 깊게 이
해하는데 큰 도움을 줍니다. 여러 학문 중에서 특히 심리학은
투자와 삶을 해석하는 데 큰 통찰력을 줍니다. 저는 여러분에게
도움이 될 만한 '진화 심리학'을 바탕으로 행복에 대한 생각을
여러분께 전해드리고 싶습니다.

사회적 관계 VS 돈, 무엇이 더 중요할까요?

아래 문장에 대해 곰곰이 생각해 보겠습니다.

"사회적 관계는 돈보다 훨씬 중요하다."
"돈이냐? 사회적 관계냐?"

진화심리학에서는 이 물음에 대한 해답을 '관계'라고 합니다. 다음 둘 중 어떤 상황을 선택할 것인지에 대해 스스로에게 질문해 보십시오.

* 주변에 신뢰할 수 있는 사람이 한 명도 없어 외롭지만 돈이 많다.
* 주변에 많은 좋은 사람들과 사랑하는 가족이 있지만 다소 가난하다.

어떤 답을 선택해도 좋습니다. 하지만 우리는 진화 심리학에서 이야기하는 부분에 귀 기울여볼 만합니다.

초기 인류는 사회적 관계에서 생존을 보장받았다.

인류가 지구상에 출현한 이후, 수백만 년의 시간에 걸쳐 인간의 DNA가 디자인 되었습니다. 하지만 우리가 누리고 있는 현대 문명의 시작은 5,000년도 채 되지 않습니다. 5000년 간 인류가 이룩한 문명의 역사 중에서 돈이라는 교환 매체가 출현한 것은 그다지 오래지 않습니다. 진정 투자하는 인간을 이해하려면 투자자는 생물학적인 인간의 특성을 이해해야만 투자현상을 이해할 수 있습니다.

생물학적으로 인간에게 '행복' 이라는 개념도 스스로의 생존에 도움이 되는 행위를 하도록 만드는 '두뇌의 인센티브'에 불과하다는 의견이 있습니다.

뇌는 우리 스스로가 생존을 위해 도움이 되는 행위를 하면, 행복이라는 감정을 느끼게 하는 보상을 줍니다. 우리의 DNA는 가혹한 생존 환경에서 오랜 기간 군집생활을 통해서 담보가 된 것임을 이해해야 합니다.

그래서 일단은 돈보다는 사회적 관계가 중요합니다.

"현대사회에서는 돈이 더 중요하지 않나요?"라고 생각할 수도 있습니다. 물론 현대사회에서 돈이 있으면 다양한 생존을 담보할 수 있습니다. 좋은 의료, 건강한 식생활, 건강에 도움이 되는 것을 이용할 수 있는 계기가 됩니다.

하지만 본능적으로 우리 내부의 DNA가 돈보다는 좀 더 관계 지향적으로 디자인되어 있다는 점을 잘 이해해야 합니다. 지난 몇 천 년의 변화로는 그런 디자인(본능)을 바꾸기 어렵다는 것을 공감해야 합니다.

죽음과 고립의 공포는 투자자를 더욱 어렵게 만듭니다.

투자가 어려운 이유도 여기에서 찾을수 있습니다. 인간은 본인이 합리적이라 착각하지만, 연속으로 수익률이 부진하면 그 상황으로 인해 위축되고 외로움에 빠져들게 됩니다. 또 손실 상황에서는 혼자만 손해 보는 것 같아 고통스럽습니다. 내가 보유한 주식을 다른 사람들은 이미 모두 매도하고 나가고 있는 것 같아 홀로 남는 것 같은 감정에 마음이 쓰라립니다. 남들과 다른 곳, 다른 방향에 있다는 생각은 인간의 본능으로서는 견디기 어려운 상황을 직면하게 만들어 버립니다. 주가 하락기 보다 주가 반등기에 남들은 다 돈을 버는데 내 주식만 오르지 않을때 가장 속상한 이유가 그 때문입니다.

이럴 때는 좀 더 타인과 교류해 볼 필요가 있습니다.
투자 실패로 기분이 좋지 않을 때는 많은 사람들과
교류하는 것이 도움이 됩니다. 친한 사람을 만나기 어렵다면,
사람이 많이 있는 곳으로 가도 좋습니다.

안타까운 사실은, 가끔은 외로운 사람일수록 투자 수익률도 나빠질 확률이 높다는 것입니다. 그만큼 내적 고민이 격렬하기 때문입니다. 혼자 하는 전업투자자가 위험한 이유입니다.

좀 더 주변과 연결해 보면 투자 수익률도 달라질 수 있습니다.

우리 뇌가 보내는 인센티브인 '행복'에 연결되기 위해서는, 좀 더 관계지향적인 활동에 신경을 쓰는 것이 돈에 집착하는 것보

다 훨씬 효율적입니다. 그렇게 하다 보면 시간이 지남에 따라 투자결과도 좋아질 수 있으니. 부디 힘들 때는 좀 더 세상과 주변에 자주 연결하시기 바랍니다.

물리적 연결이 어렵다면, 현대문명의 이기인 SNS로 소통하는 것도 중요한 툴이 될 수 있습니다. 어디든 비슷한 고민을 가진 사람들은 있습니다. SNS로 그런 분들과 소통하면 여러분의 기분이 한껏 나아질 것입니다.

핵심요약

인간은 생존에 대한 두려움을 돈과 관계로 달래곤 합니다. 하지만 생존에 대한 두려움을 해소하는 데에는 관계가 돈보다 낫습니다. 힘들 때는 친구나 비슷한 처지의 사람들과 시간을 보내는 것도 좋습니다.

08_ 대부분 평균적으로 만난다

◆

　　　투자와 삶에 대해 장기간 생각을 하고 글을 쓰면서 느낀 점은 두 대상이 서로 통하는 점이 상당히 많다는 것입니다.

희로애락의 총량은 사람들마다 거의 비슷하다.

살아가다 보면 내가 가진 것보다 남이 가진 것이 항상 커 보입니다. 하지만 잠시만 주변 사람들의 인생의 모습을 자세히 들여다보면, 그들의 삶 역시 나와 비슷한 기쁨과 슬픔 그리고 즐거움을 가지고 있다는 것을 알 수 있을 겁니다. 삶에서 개개인에게 주어지는 희로애락의 총량은 거의 비슷하다는 의미입니다.

그런데, 일찍 세상을 떠난 사람과 장수한 사람의 희로애락 총량은 좀 다르지 않나요?

예, 그렇기는 합니다만, 총량만 다른 뿐 희로애락 네 가지의 비율은 거의 같다고 생각합니다.

보통 사람들의 삶은 이렇습니다. 각자 다른 환경에서 태어나 부모님 보호 아래에서 성장하고, 시간이 지나면 학교에 가고, 학업을 마치면 자신의 생계를 위한 일을 하고, 결혼을 하고, 자녀를 낳아 기르고, 출가시키고, 나이가 들어 마지막 순간을 맞이합니다.

각자 삶에서 일어나는 일은 다르지만 큰 그림은 비슷합니다.

누구에게나 부러운 사람은 있다.

다른 사람이 되어 보지 않고는 분명히 알 수는 없지만, 'A라는 사람은 정말 부럽다'라고도 하고, 'B라는 사람은 정말로 힘들 거야'라고 생각할 수도 있습니다.

각자가 느끼는 감정의 총량은 부유하다고,
가난하다고, 잘 났다고, 못 났다고 해서
크게 틀리지 않는다는 의미를 전하고 싶습니다.

어릴 적 부잣집에서 태어나 영원히 부자로 살아가더라도 불행할 수 있으며, 가난한 집에서 태어나 평생 힘들고 가난하게 살았더라도 행복할 수 있습니다. 또 외모가 못난 사람이라고 하여 잘난 사람보다 덜 사랑 받지도 않는 것 같습니다. 그 과정에서 고통을 받아들이고 스스로를 회복하는 힘이 중요합니다.

다소 자신에게 부족한 부분이 있다면, 바로는 아니지만 그 반대에 응당 좋은 부분이 분명히 있는 것 같습니다. 가난한 집안에서 태어난 사람은 금수저들처럼 재정적 걱정 없는 사람들이 부러워 보입니다. 물론 돈 걱정 없는 점은 너무나 부럽습니다만, 시간이 지나 자세히 들여다보면, 가난한 사람은 부자가 가지지 못한 생활력과 열정 그리고 작은 것에도 감사하는 마음을 가질 확률이 높습니다. 그로 인해 장기적으로 겪게 되는 감정적 부분을 슬기롭게 이겨내는 지혜도 가질 수 있습니다.

삶에서 행복과 불행은 거의 비슷하게 주어진다.

좋은 출발이 장기적으로 행복한 삶과 일치 하지 않는다는 의미 입니다. 다소 삶에 부족한 부분이 있다고 하더라도, 응당 좋은 부분도 분명히 있다고 생각합니다. 그것이 비록 밖으로 보이지 않는 부분일지라도 말입니다.

시간이 지나면 삶의 행복과 불행은
거의 평균적으로 수렴합니다.

끝없이 이어지는 일련의 행복과 불행이 반복되는 인생에 대해 초연해질 수 있다면, 같은 상황이라도 담담하게 받아들일 수 있을 것입니다.

투자에서도 어떻게 마음을 잡는가가 중요합니다.

투자도 마찬가지입니다. 투자를 할 때마다 크든 작든 시련이 있습니다. 잘 생각해 보아야 할 것은, 그 어떤 투자를 통해서라도 내 삶은 지속적으로 불행해지지도 행복하지도 않을 것이라는 점입니다. 지금의 부진한 투자 대상도 시간이 지난 후 바라보면, 최고의 투자가 되기도 합니다. 마찬가지로, 지금의 최고의 투자도 나중에 최악의 결과가 되기도 합니다. 지금 두려워하는 것들이 반드시 본인에게 불리하게 절대로 작용하지 않을 것입니다.

마음을 뒤집는 실력이 진짜 인생의 실력입니다.

개인마다 인생의 기쁨과 슬픔의 총량이 평균에 수렴한다면, 욕심을 잘 조절하고 슬픔에는 되도록 둔감해지게 됩니다. 또 기쁜 일에 남들보다 더 감사한다면, 인생 전체가 행복의 길이 될 것입니다.

우리는 삶의 지혜에 대해 잘 생각해 보아야 합니다.
혹시 지금 이 순간이 힘들고 어려운 일들만 겪었다면, 복권을 한 장 사보라는 조언처럼 나에게 닥친 불운들로 인해 행복이 오는 삶의 평균적 기대를 걸어보는 것도 좋습니다. 지금 힘들다면 반드시 저편에 행복이 기다리고 있을 것입니다 꼭 여러분 인생의 평균을 맞추어 볼 것들을 잘 계산해 보시기 바랍니다.

핵심요약

어렵고 힘든 상황이라면 좀 더 멀리서 삶과 투자를 바라보자. 인간 삶의 길흉화복이 많이 다른 것 같지만 결과는 대체로 평균적으로 수렴한다.

09_ 하락스트레스를 줄이는 방법

◆

　　다른 사람의 투자를 돕는 역할을 하는 것은 대부
분 일반인이 상상하는 것 이상으로 스트레스가 높은 직업입니
다. 단기적 투자 결과가 항상 본인의 의지와 관계없이 결정되는
것은 고객들도 이해할 만큼 당연하지만, 어쩔 수 없는 것이 인
간의 감정인지라 그럴 때마다 자주 무력감을 느끼게 됩니다.
매일 게다가 자주 투자의 결과에 대해 들여다 봐야하는 숙명적
중압감은 큰 스트레스를 가져옵니다. 시세 하락으로 인한 고객
과의 문제 뿐 아니라 스스로도 상당한 부담감을 느끼게 합니다.
이러한 중압감을 이기지 못하는 사람들은 그 일을 그만두기도
합니다.

위와 같은 고충으로 인해, 직업인으로서의 투자가들은 보통 자
신만의 스트레스 해소 방법을 가지고 있습니다.

제가 가지고 있는 시장 조정기의 스트레스를 해소하는 방법은
이렇습니다.

위기는 기회인 이유에서 말씀드린것 처럼 스스로에게 긍정적
대화를 많이 시도 해 보시기 바랍니다.
투자는 명확하게 멘탈이 가장 중요하다는 것을 이해하고 있
습니다. 그래서 다음과 같이 긍정적 암시의 대화를 하기도 합
니다.

＊옳은 전략으로 투자를 실행했다면, 그 결과는 시차가 있
지만 증명된다.
＊대상을 팔기 전까지는 아무것도 확정된 것은 없다.
＊최악으로 하락했던 투자대상들이 언제 그랬냐는 듯 모두
회복되었고 천정부지로 가격이 오르기로 했다.

이렇게 스스로에게 평정을 찾는데 도움이 되는 대화를 많이 해
나갑니다. 또한 조금만 시간을 늘려 생각해 보면, 훌륭한 투자
대상이 하락해 있다고 하여 당장 스트레스를 느낄 것이 아니라
더 매수해야 할 자세가 필요하다는 것을 알 수 있습니다.

너무 긍정적인 태도인가요? 물론 제가 매수한 금액이 평생 다시 못 볼 가격일수도 있습니다. 하지만 이것을 기억해야합니다.

투자를 실력만으로 접근하면 자주 자학이라는
정신적 고통을 받습니다. 오히려 투자는 운의 요소가
중요하다는 것을 이해해야 합니다.

대체로 운의 영향을 받는 대상에는 '평균회귀의 원리' 가 존재합니다. 운에 크게 영향을 받는 대상은, 평균적인 범위에서 과하게 떨어지면 다시 오르고 과하게 오르면 다시 떨어지는 정도라고 생각하면 됩니다. 그래서 투자 대상을 팔기 전에는 현재의 조정에 대해 크게 슬퍼할 이유가 전혀 없습니다. 특히 본인의 전 재산의 대부분을 잃지 않았다면, 시장가격 조정으로 두려워할 필요도 없습니다.

지금 당장 당신의 포트폴리오를 전부 현금화하면, 상당히 조정 받은 수익률로 마무리 될 수도 있습니다. 투자가 괴로워서 매도했다면, 향후 상당기간 그 아픔이 사라지기 전까지는 투자를 하지 않으면 됩니다. 투자는 원래 이런 상황이 반복된다는 것을 이해할 때까지 하지 않으면 됩니다.

신뢰하는 대상이 하락하면, 추가 매수로 대응하는 액션플랜을 실행해 보아도 좋습니다. 여러분께서 긍정의 암시를 충분히 하셨다면 종이 한 장 뒤집는다는 생각으로, 스트레스를 받을 때는 단돈 1만원이라도 하락된 투자 대상을 더 매수해보는 것도 좋습니다.

투자 시스템 전략화 해보면 더욱 훌륭한 위기 대처가 가능합니다.

＊5% 떨어져서 힘이 든다면 100만원.

＊10% 떨어져서 힘이 든다면 200만원.

＊50%가 되어 정말 포기하고 싶다면 1,000만원. 이렇게 투자 전략을 세웁니다.

물론 이런 방식이 절대적인 방법은 아닙니다. 그저 아이디어를 생각해 볼수 있다는 것 것입니다. 한 가지 더 아이디어를 드리자면, 개별적인 종목의 조정이 아니라 시장 전체의 조정이라면, 신뢰하는 국가의 인덱스 형태에 투자해보는 것도 괜찮은 방법입니다. 내가 투자한 종목은 반전하지 않을 수 있지만, 급락 후 시장은 반전하기 때문입니다.

손실을 본 투자자가 용기를 내어 추가 매수라는 행위를 하는 순간, 투자자의 방향이 바뀌어 적극적 대응으로 상황을 이겨보자는 마음을 갖게 됩니다. 그 금액이 꼭 클 필요는 없습니다. 작은 금액이라도 행동으로 움직여 보는 것입니다. 미래를 위한 낙관적 준비를 해나가면서 멘탈을 잡을 때 도움이 됩니다.

장기자산에 투자해 보는 것은 좋은 전략입니다.
실제적인 액션 팁을 한 가지 더 드리자면, 저는 투자로 스트레스를 받을 때는 장기 자산인 연금 계좌로 돈을 넣습니다.
퇴직 전에는 오르겠지 하는 기대로 잠시나마 미래 자산을 산다는 기분으로 마음을 바꾸려고 노력합니다. 물론 연금 계좌에 돈을 넣으면, 세제 혜택으로 도움이 됩니다.

당신이 힘들거나 어려운 상황이라면, 저는 인위적으로
시간을 멀리 보내기를 추천해 드립니다.

돈이 없으면, 상환 가능한 빚이라도 내어 투자합니다. 그리고 열심히 일해서 빚을 갚는다는 생각으로 임하게 됩니다. 삶이 바쁘다 보면, 이러한 상황도 지나가게 됩니다. 주가도 올라와 있을 확률이 높습니다.

**자본주의 구조상 언젠가는 대표적 자산들은
우상향의 시세를 나타냅니다.**

명상 또는 호흡법을 활용해 스트레스를 다스린다.

부정적인 감정이 끓어오를 때는 많은 성공한 분들이 활용하는 방법인 명상 호흡법을 해보는 것이 좋습니다.
많은 책에서는 다양한 호흡법을 제대로 활용하는 것만으로도 스트레스를 제어할 수 있다고 강조합니다. 실제로 가능하며, 언제 어디서나 활용할 수 있는 방법이기도 합니다. 호흡법을 통하여 스트레스 발생 시에 활성화되는 교감신경을 부교감신경으로 다스려 스트레스가 커지는 것을 방지할 수 있습니다.

호흡법에는 즉각적 스트레스 제어 효과가 분명히 있습니다. 따라서 스스로 연습을 통해 생활에 적용해 보시길 권해 드리고 싶습니다. 더하여, 휴식을 충분하게 취하고, 운동(걷기)을 하고, 잘 먹는 것만으로도 스트레스가 확연히 조절이 될 것입니다.

첫 번째 파트에서는 어떻게 마음을 먹어야하는가에 대해 소개 해드렸습니다. 다음 파트에서는 다이아몬드 멘탈에 필수적인 기초 지식 레슨을 시작해 보겠습니다.

핵심요약

긍정적인 마음을 유지하자. 그리고 여유자금을 천천히 추가 투자해 보자.
명상은 당신에게 큰 도움이 될 것이다.

투자 초보에서 탈출하려면, 내가 무엇을 이해하지
못하는지 부터 아는 것이 중요합니다.

PART
02
멘탈관리를 위해 초보자가
꼭 알아야 할 투자지식

01_ 먼저 투자의 세계를 이해하자

◆

초보 투자자분들께 꼭 도움이 될 만한 기초지식을 준비해 보았습니다. 이 장에서 전해드리는 내용을 잘 이해하고 활용하는 가의 여부에 따라, 여러분의 금융지식은 급격하게 높아 질것이며, 투자에 큰 도움이 될 것을 확신합니다.

투자지식에도 중요도가 다릅니다.
투자의 세계를 표현하기 위해 '마블 히어로 유니버스'에서 강함을 표현하는 '티어'라는 개념을 가져왔습니다.
중요한 개념일수록 티어1이라고 정해 보았습니다. 그리고 그 다음으로 중요한 개념을 티어2, 티어3으로 정리하였습니다.
이러한 기초 개념을 스스로 학습하시고 범위를 더 넓히면서 더욱 깊게 스스로 이해하시기 바랍니다. 이 장은 위에서 이어지는 장의 다양한 개념들에 대한 기본 소개로서, 향후에 언급될 주제의 기본 지식이 될 것입니다.

투자 초보 상태부터 탈출합시다.

"저는 경제를 잘 몰라요."
"경제 신문에 나오는 내용이 이해하기 너무 어려워요."

중요하고 어려운 투자를 스스로 하면서 계속 초보투자자로 머물러 있을 수는 없습니다.
"투자와 돈에 대해 잘 모르는데 어떻게 좋은 성과를 거둘 수 있을까요?"
저는 이번 장에서 최소한의 투자자가 꼭 이해해야하는 개념 위주로 설명 드려보겠습니다. 집중해 주십시오.

가장 중요한 개념들은 티어1

티어(Tier)라는 단어는 사전적으로 '서열' 혹은 '줄' 이라는 뜻입니다. 그 수준을 3단계로 나누었습니다.

＊반드시 이해해야할 개념을 티어1

＊티어1에서 파생된 핵심개념을 티어2

＊티어2에서 파생된 필수로 이해해야할 개념을 티어3

저는 3단계까지만 거의 이해하더라도 여러분께서 왕초보 투자자는 충분히 벗어날 수 있다고 생각합니다.

〈티어1〉

반드시 이해해야 하는 최상위 개념

1. 시간

2. 금리

3. 돈

4. 투자 대상

5. 확률과 기대값

〈티어2〉

티어1에서 파생되는 핵심 개념

1. 레버리지

2. 복리

3. 자산과 자본 그리고 부채

4. 포트폴리오

5. 환율

6. 세금

7. 이익

〈티어3〉

티어2에서 파생된 필수적인 개념

1. 대차대조표와 손익계산서

2. 직접투자와 간접투자

3. 국내투자와 해외투자

4. 대출과 은행을 이해하기

5. 생애 재무 계획

6. 세금 줄이기 전략

7. 개인과 법인에 부과되는 세금

8. 투자 수익률

티어1을 먼저 이해하자.

티어1은 투자를 시작하기 위해서 가장 먼저 이해하고, 지속적으로 내공을 높여야 하는 부분입니다. 그래서 가장 중요한 상위 개념들로 선택해 보았습니다. 너무나 중요한 개념이지만 본서에서 핵심 생각만 다루는 점을 이해 해주시기 바랍니다. 하지만 개념들은 투자자가 지속적으로 고민해보아야 하며, 스스로 찾아 공부하시기를 낭부 드립니다.

1. "시간", 가장 중요한 투자자의 파트너

시간을 어떻게 활용하는가는 삶과 투자에서 가장 중요한 요소라고 생각합니다. 시간은 그 자체만으로 돈이 될 수 있고, 돈은 다시 시간으로 환원될 수 있습니다.

대부분의 위대한 결과 뒤에는 거의 시간이라는 초기 재료가 투입됩니다. 우리가 투자를 하다 보면, 뜻밖의 이벤트로 크게 손실을 볼 때도 있습니다. 하지만 여기에 시간이라는 존재가 나타나면 결과가 달라지기도 합니다. 재미있게도 언제 그랬냐는 듯 해결되고 수익을 크게 가져 오기도 합니다.

시간이라는 요소는 삶에서는 물론 투자자의 가장 훌륭한 파트너입니다. 특히 투자에서 이루어지는 수많은 마법 같은 결과는 '일찍 특정 재화를 소유하게 됨으로써 시간이 지나 기하급수적으로 부가 늘어나는 것들이 그 원리' 들 입니다.

이 말을 꼭 기억해 주십시오. 누군가 삶에서 한정된 자원인 시간에 대한 가치를 잘 정립하는 것만으로 그 사람의 인생이 달라질 수 있다는 것을! 시간에 대한 주제는 뒤에서 더 다룰 것입니다.

2. "금리", 투자 전략의 최우선 고려 대상

금리는 투자수익 예측의 결정적인 변수입니다.

시중의 금리 수준에 따라, 투자자가 선택할 수 있는 투자대상과 기대 수익률이 달라집니다. 이 미묘한 변화 때문에 금리는 자산 배분과 전략 선택에 가장 중요한 요소가 되기도 합니다.

금리는 돈의 가치를 확인할 때 기준이 됩니다. 금리가 높으면 현금의 가치가 높아진 것이라 볼 수 있으며, 금리가 낮으면 현금의 가치가 낮다는 의미로 생각할 수 있습니다.

금리는 돈이 일을 해서 결과를 만드는 핵심요소이기 때문에, 금리가 낮은 기간에는 위험자산으로, 금리가 높은 기간에는 안전자산 포지션을 늘려보면 좋습니다.

투자자는 지속적으로 금리 변화에 민감해야 하고, 금리의 방향과 속도로 현재의 경제 상황을 가늠할 수 있는 역량을 키워야 합니다.

3. "돈", 돈이란 여러분께 어떤 의미인가요?

여러분이 철학적으로 접근하든 현실적으로 접근하든, 돈에 대한 자신만의 철학을 제대로 정립하는 것이 중요합니다. 돈에 대한 철학이 정립되면, 삶과 투자에서 중요한 문제를 판단하는 데에 큰 도움이 됩니다. 과거 산업사회 이전에는 돈을 좋아하는 것을 부도덕하다고 생각하는 관념들이 있었습니다. 그것은 지배층의 조작된 생각들입니다. 돈은 어떻게 사용하느냐에 따라 가치가 중립적으로 되거나 오히려 강한 선(善)에 가까워집니다.

돈이 있어야 타인을 도울 수 있고 세상도 바꿀 수 있습니다. 투자자는 돈을 선하게 생각하고 사랑으로 대해야 한다고 생각합니다. 당신이 고양이를 좋아하지 않으면 고양이가 다가오지 않는 것처럼, 이왕이면 엄청나게 돈을 좋아해야 돈도 따라온다고 굳게 믿으시길 바랍니다.

4. "투자 대상들", 투자 할 곳은 많다.

투자(投資)라는 단어를 쪼개어 보면 한자로 '던질 투', '재물 자'로 이루어져 있습니다. 무언가를 제대로 던지기 위해서는 어디로 던질지 잘 살펴보아야 한다는 의미를 담고 있습니다.

일반적으로 투자 대상을 '자산' 이라는 단어와 같이 생각하셔도 크게 틀리지 않습니다.

자산의 의미는 소유로 이익을 얻을 수 있는 것을 말합니다.

주요 투자 대상들을 소개해 드립니다.

* **부동산** – 유형의 땅과 건축물 등을 말합니다. 토지는 쉽게 늘어나지 않으며, 만드는 데에도 상당한 시간이 걸립니다. 상대적으로 가격의 격차를 많이 가지고 있습니다. 부동산은 장기간 수많은 부의 근원이 되었으며, 미래에도 그 매력도가 여전히 높은 대상입니다.

* **주식** – 기업의 소유권을 증서화한 주식은 소유권의 이전이 간편해서 기업의 수익을 쉽게 나눌 수 있는 **훌륭한 도구**

입니다. 금융이라는 도구 그중에서도 특히 주식은 인류 전체 삶의 수준을 여러 단계 끌어올린 자본주의의 혁신적인 발명품이라 할 수 있습니다.

저는 누구나 이 혁신적인 대상을 투자할 수 있게 됨으로써 일반인도 '소비자에서 생산자의 지위로 전환할 수 있는 귀한 대상'이라 여기고 있습니다.

*채권 - 은행에 돈을 빌려주고 확정이자를 받으면 예금이지만, 다른 대상(기업, 국가 등)에 빌려주어 이자를 받으면 채권이라는 대상이 됩니다. 채권은 신용도, 시장의 수요와 공급에 따라 이자율이 달라지며, 누구나 쉽게 중간에 사고팔아 이득을 기대할 수 있는 증서로서 현금흐름을 원하는 투자자의 유용한 툴이 됩니다.

*예금 - 은행이라는 비즈니스에 돈을 예탁하여 안전하지만 상대적으로 작은 이익을 기대합니다. 지금의 저금리의 예금은 투자의 의미보다는 보관의 의미에 더 큰 가치를 가집니다. 너무 많은 비중을 예금하는 것은 장기적으로 상대

적 가난으로 이어지는 결과를 낳기도 합니다.

＊실물투자 - 대부분 동산(부동산이 아닌 것)이라고 말하는 것
에 투자하는 방법입니다. 대표적인 예로는 미술품, 자동차,
유형의 소지 가능한 동산 등으로 종류가 매우 다양합니다.
표준화된 시장에서 거래 가능성이 낮아 환금성이 낮은 편입
니다. 여러 가지 평가 상의 제약으로 가치 평가가 어려운 투
자대상입니다. 하지만 '하이 리스크, 하이 리턴'의 대표적인
것으로서 세심한 주의가 필요한 투자 대상입니다.

＊무형자산 - 영업권, 재산권 등 물리적 형체는 없지만, 분
명히 식별이 가능한 대상을 자산화 하여 거래되는 것을 말
합니다. 광범위하고 평가의 어려움이 존재합니다. 최근 등
장한 암호화폐도 이 범주에 들어간다고 볼 수 있습니다.

5. "확률과 기대 값", 투자 고수들의 핵심전략

무한히 많은 사건들 중에서 특정한 사건이 일어날 수 있는 횟수
를 '확률'이라고 합니다. 또한 시행 과정에서 얻을 수 있는 값
들 중 평균으로 기대할 수 있는 값을 '기대 값'이라고 합니다.

확률과 기대 값의 예를 하나 들어 보겠습니다. 일확천금을 노리는 로또복권은 그 예가 될 수 있습니다. 46개의 숫자 중 6개가 합치되면 1등이 되는 로또에 당첨될 확률은 대략 1/8백만이라 합니다.

로또 한 장에 1천원이라는 투자를 해서 얼마 이상의
상금(기대 값)을 받을 수 있다면 여러분은 투자하시겠습니까?

2021년 기준 당첨금을 수령한 분들을 확인해 보니, 대략 약 20억 원 내외로 밝혀졌습니다.

로또를 사는 것은 합리적인 판단일까요?

확률과 기대 값에 의하면 돈을 버리는 것에 가깝습니다. 하지만 1천원을 투자해서 대략 80억 이상의 당첨금이 예상 된다면, 로또 구매는 그리 나쁘지 않을 수도 있습니다. 그렇다고는 해도 저는 사지 않을 것입니다.

저는 도박과 투자를 구분하는 기준을 '시간과 확률이 어떻게 배합되었는가?' 를 기준으로 둡니다.

도박은 매우 짧은 몇 번의 주사위게임이 전부이지만, 투자는 아주 많은 횟수의 주사위게임에서 본질과 가치의 적정한 위치를 찾아가는 과정을 노리는 것입니다. 따라서 투자자 스스로 접근의 방법을 잘 이해해야 할 것입니다. 투자는 기대 값이 시간에 따라 달라질 수 있으며, 그 수많은 횟수의 값으로 인해 상상이상의 결과를 초래하는 것을 자주 보아 왔습니다.

 그리고 확률이 투자 고수들의 주된 전략적 기반이 되는 것이 사실이기도 하며, 높은 확률에 대한 이해도는 인생의 고비에서 치료약이 되기도 합니다. 여러분들에게 힘든 일이 있다면 확률 공부를 할 것을 강력히 추천 드립니다.

티어2는 투자전략 수립의 핵심 개념

티어2는 티어1에서 파생되는 핵심 개념이라 할 수 있습니다. 또한 티어2는 본격적 투자 지식의 기틀을 세우는 단계입니다. 단어의 의미만 이해한다면 생각보다 어렵지 않은 개념이지만, 티어2부터의 이해도가 높을수록 금융지식수준이 높다고 할 수 있습니다.

1. "레버리지", 부와 가난의 날카로운 칼날

무거운 물건을 들어올리기 위해 무한히 긴 지렛대만 주어진다면,
어떠한 것도 들어 올릴 수 있다. ―아르키데메스―

레버리지는 투자와 삶에서 엄청난 힘을 가지고 있습니다. 무일
푼에서 사업을 일으킨 사람 혹은 젊은 나이에 자산을 일군 사람
즉 상위 1%의 사람들은 레버리지를 잘 이해하고 사용 합니다.
자본주의사회에서는 레버리지를 이해하지 못하면 성공하기 어
렵습니다.

투자에서 레버리지는 타인과 나의 자금 협력에 따른 효율극대
화 전략으로 생각해 볼 수 있습니다. 실제로 오랜 기간 레버리
지를 잘 사용하였는가의 여부에 따라 부의 성적표는 결정되었
습니다. 더하여 성공하려면 자금의 레버리지 뿐 아니라 타인 시
간의 레버리지 또한 잘 생각해 보아야 합니다.

기회와 부의 획득은 레버리지에 그 답이 숨어 있습니다. 레버리
지를 잘 사용하면 당신의 인생을 완전히 변화시킬 수 있다는 것

을 기억해야 합니다. 반드시 부자가 되고 싶다면 이 원칙을 이해하시기 바랍니다.

2. "복리", 가장 아름다운 금융의 언어

단리와 복리 개념을 쉽게 소개하겠습니다.

단리는 100만원을 투자하여 1년 후에 10%의 이자를 얻는다면 110만원을 받습니다. 그리고 그 다음해에 다시 원금을 투자하고 이자율이 동일하다면 다시 110만원을 받을 수 있습니다.

하지만 복리로 100만원을 투자해 10%의 수익을 받고 그대로 재투자한다면 첫해에는 10만원의 이자가 붙지만, 그 다음해에는 원금과 이자 각각에 10%의 수익에 추가로 수익이 남으로써 121만원으로 늘어나게 됩니다. 120만원과 121만에는 분명히 차이가 있습니다. 이런 방법으로 투자기간을 늘리면 그 액수가 엄청나게 커지게 됩니다.

복리의 핵심은 '이자에 이자가 붙는다.'는 것이다.

저는 복리를 가장 아름다운 금융의 언어 중 하나라고 생각합니다. 복리가 시간이라는 마법과 작용하게 된다면, 엄청난 결과로 이끄는 힘이 있습니다. 한번 상상해 보시기 바랍니다.

농장에서 소가 귀여운 새끼를 낳고, 또 그 새끼소가 새끼를 낳으며 번성하는 아름다운 상황을 말입니다. 엄청난 복리의 마법이 연상될 것입니다.

3. "자산과 자본 그리고 부채", 재무제표를 이해하기

자신의 재무제표를 작성해 보면, 현재 재무상태를 파악할 수 있게 됩니다.

$$자산 = 자본 + 부채(타인자본)$$

자산은 '나의 호주머니에 돈이 들어오는 대상'이라는 부자아빠 로버트 기요사키의 설명이 이 개념을 이해하는데 도움이 됩니다.

투자자는 이 개념을 깊게 이해해 볼 필요가 있습니다. 많은 분들이 빚(부채)이 많아지면 겁부터 난다고들 합니다. 나는 절대로 빚을 지지 말아야지 라고 다짐하는 순간, 어쩌면 사회 혹은 타인과의 자본적 협력을 기대하기 어려워집니다.

우리 삶에서 한정된 시간에서 이루는 부의 성패는, 얼마나 타인과 잘 협력 하느냐의 문제를 고민하는 일이라고 생각합니다. 그만큼 중요한 요소입니다. 하지만 일반투자자는 회계기초 수준의 지식만으로도 충분하다고 생각합니다.
제3장 첫 번째 주제 '두개의 T' 시리즈에서 좀 더 설명 드리겠습니다.

4. "포트폴리오", 분산투자는 합리적인 필요에 의한 선택

포트폴리오는 자산을 효율적으로 적절히 배분하는 상태를 말합니다. 누군가 한 가지 자산에 거의 모든 자본을 배분한다면, 상당히 부담이 클 것입니다. 물론 그런 일은 거의 본 적이 없습니다. 대부분의 자산가들은 투자자금 외에 주택이나 다른 자산들을 가지고 있기 때문에, 자신이 처한 손실 상황에 대한 위험을 과대평가하는 것이 대부분입니다. 투자가능 현금 자산을 특정 종목에 투자했다고 해서 한 가지 자산에 모두 투자했다고는 볼 수 없기 때문입니다.

여기서 누군가가 주식 한 종목 혹은 부동산 단 한 가지 자산에 자금을 모두 투자하는 전략에 대한 문제를 제시한 것은, 수익과 과도한 몰입 투자는 편안함을 느끼기 어렵다는 점을 말씀드리기 위해서입니다.

실제로 초보투자자는 시간적, 정신적 준비가 덜된 상황이라서 단일 자산에 투자하는 것에는 부담과 피로감이 상상을 초월할 정도로 큽니다. 99%의 성공 확률이라고 하더라도 1%의 실패 확률로 인해 최악의 상황을 마주할 수 있기 때문입니다. 천천히 투자의 근력을 올리고 집중 투자를 해나가도 좋을 것입니다.

이런 이유로 저는 전략적으로 포트폴리오를 구성해볼 필요가 있다는 것을 제안해 드립니다. 투자자의 심리적인 안정감은 투자수익률과 즉결하는 문제이기 때문에, 이것을 적절히 잘 이해하고 점검해 볼 필요가 있습니다.

잘 구성된 포트폴리오는 수익률의 변동성을 줄이고, 상호 보완적이며 이기는 전략 구현이 가능합니다. 만약 당신이 투자한 대상이 하락하여 부담이 큰 상황이라면 투자 종목 수가 너무 작을 수도 있습니다. 비중을 줄여 다른 유망자산에 투자해 보는 전략도 구사해보기를 제안합니다.

5. "환율", 글로벌 기준의 절대적 부에 대한 이해

환율을 이해하는 것은 '국가 간 상대적 돈 가치'를 이해하는 것이라고 할 수 있습니다. 이것은 특정 국가의 환율이 달러 대비 급락하는 사건을 보면 직관적으로 이해 할 수 있습니다. 아무리 본인이 가진 자산이 자국에서 가격이 10배 높아지더라도 환율에서 그 이상으로 추락한다면, 글로벌 기준의 실질적 부의 증가라고 볼 수 없습니다.

물론 국내 자산을 소유하고 있지 않은 투자자보다는 훨씬 유리하지만, 절대적인 부의 증가라고 보기 어렵습니다. 세계 어느 곳에서든 자신의 부는 통용될 수 있어야 합니다. 저는 적극적으로 달러 보유를 권해 드립니다. 그 이유는 다른 어떤 통화보다 달러가 절대적 가치를 잘 지키는 역할을 수행하기 때문입니다. 추가로 환율을 결정하는 요소들에 대한 상식적 이해는 다른 개념들의 이해에도 크게 도움이 된다고 생각합니다.

6. "세금", 국가 비즈니스의 핵심 동력

특정 국가에 소속된 국민은 그 국적에 따라 조세의 의무가 있습니다. 정치적 힘을 가지는 국가는 조세징수권을 통해 그들의 정의를 실현하는데 중요한 요소임을 우리는 잘 알고 있습니다. 국가는 스스로 성장과 유지를 위해 나에게 부과된 급부(세금)와 누군가를 위한 반대급부(정책)를 교환하기 위한 철저한 징수행위가 필요합니다. 현대 사회에서는 돈만큼 집단을 효율적으로 통제할 수 있는 수단은 많지 않은 것 같습니다.

국가가 징수하는 수많은 종류의 세금은 다양한 유형과 방식으로 부과됩니다. 그리고 언제든 어디로든 따라가기 때문에 피해가기가 무척 어렵습니다.

절세를 하는 것은 현명한 행동이지만, 의도적으로 피하거나 연체 혹은 납부하지 않는 것은 좋은 전략이 아닙니다. 세금은 수익률과 직결되는 문제이므로 주의를 기울여 면밀히 검토하고 실행하여야 합니다.

티어3으로 들어갑시다.

가장 기본적인 관념 티어1 그리고 그것의 전략적 기본 개념 티어2, 그것을 실전에 대입하는 중심 개념을 티어3라고 할 수 있습니다. 바로 티어3의 내용을 설명해 드리겠습니다.

1. "대차 대조표와 손익계산서", 부의 흐름을 알려주는 설명서

이 두 개의 표는 재무제표 중에서 핵심적 요소입니다. 이 툴을 통해 현재 재산의 보유 상태(대차대조표)와 기간의 수입과 지출의 순유출입(손익계산서)를 이해하는 것은 상당히 강력한 금융지식이 됩니다. 두 재무제표를 기본적으로 이해했다면, 이해와 활용의 수준을 점점 더 높여야 합니다.

핵심요약

＊ 자산은 좀 더 높은 확률과 기대 값을 셈하여 더 큰 수익을 얻을 수 있는 대상으로 이전해 나가야 합니다.
＊ 부채는 되도록이면 비용이 저렴한 그리고 건전한 (좋은 부채)로 전환해나가야 합니다.
＊ 자기 자본의 수익률에 대한 제대로 된 판단과 이해가 필요합니다.

이 툴을 깊게 고민하는 노력만큼 미래의 재무 상황은 긍정적으로 전개된다는 사실을 잊지 않아야 합니다.

2. "직접투자와 간접투자", 다양한 투자의 방법들

직접투자는 본인이 직접 투자 대상을 선별하여 운용하는 방법이고, 간접투자는 타인에게 위탁하는 방법입니다.

두 가지 모두 투자의 결과가 투자자에게 전적으로 귀속된다는 핵심은 같지만, 간접투자에 비해 직접투자는 대상에 대한 판단과 운용 전략에 100% 본인이 주의를 기울여야 한다는 것이 다릅니다.

직접투자를 위해서는 시간과 노력 그리고 자금운용에 대한 관심이 상당히 필요합니다. 장기적으로 직접투자를 통해 다양한 경험을 쌓아 장기적으로 의사결정에 대한 수준을 높일 수 있다면, 직접투자가 좀 더 투자자에게 유리합니다. 하지만 본인이 가진 에너지를 효율적으로 사용하기를 원하는 투자자에게는 간접투자도 좋은 방법이 됩니다.

3. "국내투자와 해외투자", 글로벌 투자는 필수

현대 포트폴리오 이론의 창시자 해리 마코위츠는 이렇게 설명하였습니다.

"투자대상의 수를 늘리면, 개별주식의 위험이 줄어들고, 해외시장에 분산 투자할 경우 국내 시장에만 투자할 때에 비해 상당한 위험 감소 효과를 보인다."

글로벌 자산 배분 효과는 투자의 위험을 줄인다는 이론은 상당히 잘 알려져 있습니다. 국내 시장은 전 세계 자산 시장의 크기에 비하면 너무나 작은 일부라고 생각하면 됩니다. 실제로 국내 주식시장은 글로벌 전체의 약 2% 내외 수준에 불과합니다. 국내에만 투자할 것을 결정하는 것은 수많은 기회를 놓치는 결과를 가져 올 뿐만 아니라, 위험을 가중시키는 결과를 초래할 수 있습니다. 절대적인 부에 대한 이해를 위해 시야를 반드시 넓혀야 합니다.

4. "대출과 은행을 이용하기", 자본과 협력하기

은행에 돈을 맡기면 금리가 1%이고, 돈을 빌리면 금리가 최저 2%대입니다. 그 1%의 차이가 은행이 영위하는 이익을 결정합니다. 하지만 우리가 진정 이해해야 할 것은 빚을 얻는 데 비용이 많이 든다는 것이 아니라. 수많은 비즈니스와 투자 전문가들은 2%보다 훨씬 큰 이자 비용을 내더라도 더 큰 이익을 낸다는 것입니다.

자본주의사회에서 다음의 3가지 중 하나 이상을 꾸준히 하지 않으면, 부는 달성하기 어렵다고 생각하셔도 좋습니다.

거래, 협력, 사회적 자본 활용

자본주의사회에서 부를 얻기 위한 가장 중요한 요소 중인 하나인 타인과의 협력은, 자본의 협력부터 시작해야 한다고 여기면 됩니다. 혹시라도 인적자본으로 돈을 모으는 속도보다 자산시장의 가격 상승 속도가 더 빠르다고 여겨진다면, 은행을 통해 타인의 자본과 협력하여 전략적으로 투자하는 것은 어떨까요? 이것을 잘 활용하는 것은 강력한 부의 감각이 됩니다.

5. "생애 재무 계획", 필요금액이 전부는 아니다

인생에는 대부분 비슷한 시기별로 유사한 성격의 필요 자금이 있습니다. 여기서 우리는 이러한 보편적인 계획이 유용할 수 있다는 가능성을 생각해 볼 수 있습니다. 가장 보편적으로 결혼, 출산, 내 집 마련, 자녀교육, 자녀결혼, 은퇴생활 등이 이 분류에서 벗어나지 않습니다.

물론 필요의 인식에 따라서 금액은 차이가 납니다.

비혼을 선언한 분들이라면 바로 은퇴 준비를 하면 됩니다. 저는 스스로 생애 재무 계획 필요 금액을 계산해 본적이 있습니다.

아이 두 명을 가진 가계와 한 명의 가계에서 필요한 금액은 분명히 다를 것입니다. 이에 생애 소득과 소비 그리고 수익률 등 다양한 요소들이 총체적으로 분석 되어야 합니다. 이러한 연유로 상당한 재무적 지식과 삶의 흐름에 대한 이해가 필요합니다. 하지만 이 개념은 분명히 전혀 어렵지 않으며, 단순한 사칙연산으로도 생애 재무 설계는 충분히 가능합니다. 제3장에서 자세히 다루어 보겠습니다.

6. "세금 줄이기 전략", 잘 준비하면 큰 수익이 난다

합법적으로 세금을 절약하는 것은 현명한 행동입니다.

국가가 구조적으로 납세자에게 인센티브를 부여하고자 하는 의도를 잘 이해하고, 거기에 맞추어 세금을 절약하는 전략들을 잘 활용해 볼 필요가 있습니다. 대부분의 세금 절감 전략에서 사전에 파악하는 것과 사후에 대응하는 것에는 매우 큰 차이가 있습니다. 그래서 사전적 접근이 필요합니다. 물론 세무 전문가의 힘을 얻으면 더욱 안전한 전략이 될 수 있습니다. 타인의 힘을 잘 활용하는 것도 능력인 시대입니다.

7. "투자 수익률", 자본차익과 현금흐름을 이해하자

여러분의 재산이 늘어나는 경우는 크게 두 가지로 나눌 수 있습니다.

> *자본 차익 – 100만달러에 사서 200만달러에 팔았을 때 차익
>
> *현금 흐름 – 부동산의 임대료 혹은 주식의 배당, 채권의 이자, 인적자산의 현금 흐름, 급여

두 소득의 합을 수익률로 환산할 때는 기간에 따른 투자수익률과 세후 투자 수익률, 인플레이션 대비 실질 투자 수익률과 환율을 감안한 투자 수익률 등 다양한 방법으로 표현이 가능하며, 각각의 부의 흐름에 따른 실제적 재산의 증가에 대한 부분을 잘 이해하여야 합니다.

8. "개인과 법인에 부과되는 세금", 차이를 이해하자

조금만 관심을 가지고 관찰해 보면, 법인으로 세금을 납부할 때와 개인으로 세금을 납부할 때는 큰 차이가 있다는 것을 알게 됩니다. 법인의 경우 투자의 순수익에 대해 과세가 되며 세율 또한 낮습니다. 그 부분은 납세자에게 여러 모로 유리합니다. 하지만 법인 자금은 개인의 자금과 분명히 다른 것입니다. 개인이 사용하고 싶을 때는 다시금 근로소득이나 배당세액 등을 추가로 내어야 합니다. 무조건 개인의 세금이 불리하며, 법인의 방식이 좋다는 것은 아닙니다. 중요한 것은 무엇이 더 유리한 방법인지에 대한 이해를 높여야 한다는 의미입니다.

티어로 구분해 본 주제는 투자 워밍업으로 여러분께서 투자 세계에 진입하기 위해 꼭 이해하셔야 할 부분을 말씀 드렸습니다.

투자 초보에서 탈출하려면,
내가 무엇을 이해하지 못하는지 부터 아는 것이 중요합니다.

여러분의 성공 투자에 이러한 개념정리가 도움이 될 수 있었으면 합니다. 꾸준하게 각 주제들의 이해를 높여가면 여러분께서는 투자력을 상당히 올릴 수 있을 것입니다.

핵심요약

투자초보자에게는 기본 지식이 필요하다. 어디서 어떻게 공부해
야할지 모르겠다면 투자 유니버스를 중심으로 깊이와 넓이를
늘려보자.

02_ 다이아몬드 투자철학 만들기

◆

　　　　투자철학은 위기상황에서 단단하게 버틸 수 있
는 힘이 됩니다.

나폴레온 힐의 《생각하라 그리고 부자가 되어라》에서는 철학에
대해 이렇게 정의합니다.

철학이란 하나의 체계 아래 원칙을
묶어 놓은 것으로, 우리의 생각과 행동을 이끌어주고
윤리 규약과 가치 규준을 제공한다.

투자철학은 판단에 도움을 줍니다.

투자자가 투자 철학을 가지고 투자를 한다면, 여러 혼란스러운
상황에서 현명한 판단에 도움이 될 것입니다. 그 철학의 수준이
높고 단단하면 큰 변동성을 가진 시장에서도 더 잘 버틸 수 있

는 힘이 될 것입니다. 물론 철학은 고정된 것이 아닙니다. 지속적으로 성장시켜 나가야 합니다. 낮은 수준에서 더 높은 수준의 철학적 시각을 추구하는 것에 목표를 두어야 합니다.

이번 주제에서는 투자 철학을 만들기 위한 몇 가지 아이디어를 드리고 자유롭게 생각 해 보실 수 있도록 가이드를 드리겠습니다. 《리바이던》의 저자 토마스 홉스는 지혜(Wisdom)에 대해 이렇게 말했습니다.

지혜로움은 무수한 경험과 깊은 학문의 결합이다.

이 문구에서 얻은 아이디어로 투자철학을 키우는 실마리를 가져 보겠습니다.

부는 지혜의 제곱과 투자금에 결정된다.

저는 오래전부터 이 공식을 생각하며 조금이라도 지혜로워질 수 있도록 투자 학습을 진행하였습니다.

$$R = MW^2 \text{ (Rich, Money, Wisdom)}$$

부는 자금과 지혜의 제곱에 비례해 커진다.

지혜는 경험과 학식의 밸런스로 늘어난다.

투자자는 지혜를 늘리기 위해 필요한 준비를 해야 합니다.

지혜를 위한 준비물은 바로 '학식과 경험' 입니다. 투자자가 똑똑하고 학식만 높다고 해서 투자에서 성공을 거둘 수는 없습니다. 경험이 동반되어야 합니다. 무수한 경험 은 사려를 깊게 만들기 때문입니다. 학식과 사려 깊음이 투자자의 내면에 동반이 되어야 한다는 것입니다.

학식은 다양한 학문의 이해에서 비롯된다.

먼저 학식에 대해 설명 드립니다. 학식은 몇 권의 책을 읽는 것으로 끝나는 것이 아니라, 꾸준하게 계단처럼 쌓아가야 한다고 생각합니다.

투자 학식을 올리기 위한 공부들

＊철학, 생물학 등: 인간을 이해

＊물리학, 수학 등 :우주와 세계를 이해

＊정치학, 정치 사회 등 사회를 이해

＊경제학 : 경제 문제에 대한 이해

＊기업과 주식투자 일반론, 트렌드 파악

투자 공부의 시작은 '근원적인 물음'에서부터라고 생각합니다.

인간에 대한 깊은 성찰이 필요합니다.

먼저 철학에서 근원적인 물음이 시작되는 것이며, 인간의 생물
학적 특징을 이해하는 진화학과 뇌 과학 부문의 생물학을 공부
하는 것도 도움이 됩니다. 투자에 필요하다고 여겨지는 경제학,
경영학에 들어가기 전 수학, 물리학 등 우주와 세계의 근원적인
원리를 이해하는 학문을 선행으로 해보면 좋습니다. 또 경제학
을 이해하기 위해서는 함께 수반되는 정치학을 통해 분배의 문
제를 깊이 고민한 후에 사회학으로 두루 이해해야 합니다. 물론

매일 지속적으로 빠뜨리지 않아야 하는 것이 '새로운 트렌드 (News)'를 읽으면서 현재를 확인해 가는 것으로서 일정한 축적의 습관이 필요합니다. 이후 점점 뼈대를 만들고 살을 붙입니다.

잘못된 공부 방향은 오히려 위험합니다.

초보 투자자의 투자실력이 늘지 않는 것은 대부분 마지막 단계 즉 주식, 부동산 관련서적과 현재의 뉴스에만 골몰하였기 때문이라 생각합니다. 사물의 겉만 본 것입니다. 첨단의 것(NEWS)만 바라보고 기반 공부가 약한 상황에서(원천적 공부) 상부만 비대한 건물(투자서, 리포트)을 쌓은 격이 되어, 작은 바람에도 무너지는 상황이 반복되게 됩니다.

경험의 범위를 생각해봅니다.

물론 투자의 경험이 중요하지만, 투자를 많이 경험한다고 하여 투자자의 사려가 깊어지지는 않습니다. 보편적 인간을 이해하는 사려 깊음, 자기 자신을 이해하는 것이 무엇보다 중요합니다. 경험을 쌓는 보편적인 방법은, 여행이나 훌륭한 사람을 만나는 것 등 다양합니다. 예술작품, 영화 등을 감상하는 것도 간접 체험으로 사려 깊음을 강화 할 수 있습니다.

책은 경험을 대신할 수 있는 도구

가장 쉽게 할 수 있는 방법은 책입니다. '책' 으로 경험하는 것입니다. 개인적으로 추천 드린다면 인문학이 좋아 보입니다. 그중 역사, 문학 등이 좋은 내리 경험이 된다고 생각합니다. 역사에서 미래를 보는 것이 아니라, 역사의 순간으로 돌아갈 수 없기에 그 상황을 간접적으로 경험할 수 있습니다. 문학은 우리의 인간의 다양한 경험을 내적 외적으로 체험할 수 있습니다.

학식과 간접 경험을 위한 책을 좀 더 추천 드린다면, '고전' 입니다. 고전들은 대부분의 학문의 토대가 되는 기원을 보여줍니다. 감히 뿌리라고 할 수 있는 것들입니다. 고전을 바탕으로 인류의 학문이 발전되고 쌓여가기 때문입니다.

목표는 초고층의 건축물과 같은 철학을 가지기

학문은 무협지의 절대고수가 단번에 내공을 얻는 것처럼 한 순간에 습득 하는 것이 아닙니다. 계단식으로 올라가는 학문은 한 단계씩 올라갈 수 있습니다. 그래서 책을 보다가 궁금증이 생기는 것들을 꼬리에 꼬리를 무는 학습으로 학식과 경험을 기를 수가 있습니다. 투자자는 작은 초가집을 지어 놓고 세상의 전부인 양 웃을 것이 아니라, 지하 20층 지상100층의 초고층 건축물처럼 흔들리지 않는 위대한 건축물을 만든다는 자세로 공부해야 합니다. 투자자로 살아가려면 마지막 순간까지 공부해야만 하는 삶을 각오해야 합니다.

철학은 각자의 고유한 귀한 가치

우리가 투자 철학을 구축하는 행위는 한 순간에 한권의 책을 읽는 정도나 그럴싸한 누군가의 의견으로 만들어지는 것은 아닐 것입니다. 물론 작은 영감을 주는 부분이 있습니다. 하지만 그것이 다가 아닙니다. 학식과 투자경험이 합쳐질 때 무언가 결정적인 깨달음이 나오게 됩니다. 그것을 기록하여 남기는 것들을 통해 축적해 나가면 좋습니다. 그로 인해 우리가 다른 사람보다 훨씬 높은 투자 철학의 시각을 가지게 되는 것입니다.

투자 철학은 '자신이 만든 투자에 대한
고유의 빛나는 관념' 입니다.

투자자는 단순히 누군가로부터 배운 지식이 아니라, 개성 있고
투자 판단의 토대가 될 수 있는 철학을 반드시 세워야 합니다.
저는 투자 철학을 만들어가는 과정을 흥미로운 도전이라고 생
각합니다. 이왕 시작한 이상 모두의 도전을 응원합니다.

핵심요약

폭풍우에도 흔들리지 않는 높은 건물을 짓듯 투자 철학을 연마
해 나가자. 높은 식견은 삶과 투자의 결과를 모두개선할 수 있다.

03 _ 가치를 생각해보자

◆

       기본지식과 철학을 어느 정도 구비하였다면, 이
제 가치에 대해서 생각해 봅시다.

가격과 가치의 괴리는 수요와 공급을 촉발한다.

거래의 기본은 '다른 사람들이 현재의 가격보다 더 가치가 있다
고 생각되는 대상을 매수하여 더욱 높은 지불할 사람들에게 이
전하는 것' 입니다.

거래 혹은 내부에는 서로간의 가치의 합의에 의해 일어나게 됩
니다.

너무 어려운가요? 거래는 서로 간에 의사가 맞아야 합니다.

이 편에서는 부를 얻기 위해 투자자가 심도 있게 고민해 보아야

할 '가치'에 대해 이야기해 보고자 합니다. 가격과 가치는 엄연히 다르다는 것으로부터 시작하겠습니다.

가치는 보통 개인의 주관, 기호 등과 관련된 것입니다. 따라서 가치의 과학적 검증은 판단하기가 어렵다는 것을 말씀 드립니다. 우리가 살아가는 세계에서는 서로의 가치관을 존중해야 하며, 가치라는 것 자체가 정해진 것이 아니라는 공감이 있어야 각자의 거래 행위에 의미와 동기가 부여 됩니다. 또한 그로 인해 시장에서 거래되는 가격은 시시 때때로 변화하는 것을 볼 수 있습니다.

경제학은 가치에 대한 학문일지도 모릅니다. 경제학을 잘 설명한 어구가 있습니다.

> 경제학은 인간행위에 대한 분석이며, 시장을 매개로 한 인간들 상호작용방식에 대한 연구이며, 경제 환경 변화에 대한 인간의 대응 방식에 대한 연구이다.

경제학의 의미를 말할 때 가치라는 발상을 빼 버린다면, 전체 의미의 8할은 잃어버렸다고 생각 합니다. 그만큼 가치는 경제

활동의 참여자들에게 관심의 대상입니다.

교환가치와 사용가치에 대해 이해하자.

경제학에서는 가치를 크게 두 가지로 나누어 이야기합니다. 바로 '교환가치' 와 '사용가치' 입니다.

'교환가치' 는 볼펜 한 개와 연필 두 개가 서로 교환이 가능하다고 한다면, 볼펜은 연필 두 개의 가치가 있다고 보는 것입니다. 시장에서 말하는 가치는 일반적으로 교환되는 가치를 말하는 것입니다.

시장에서는 거래의 편의를 위해 그 매개로 돈을 사용합니다. 교환을 위한 가치는 사회적 동의가 어느 정도 수반됩니다.

'사용가치' 는 물건이 가진 유용성을 뜻한다고 보시면 됩니다. 볼펜을 사용함으로써 글을 쓸 수 있으며, 소유함으로써 언제든지 사용할 수 있는 만족의 가치를 말합니다.

주식시장에서 거래로 돈을 벌려면, 미래의 교환가치를 깊게 생각해 보아야 할 것이며, 배당 투자를 얻으려고 투자하는 투자자는 기업의 사용가치 또는 기업 본래의 수익가치에 좀 더 포커스를 두어야 할 것입니다. 그러나 이 두 관점은 실제로는 같은 의미일 수도 있습니다.

대부분의 가치 모형은 불완전한 분석의 형태이다

자산시장에서는 가치 분석을 위해 가격 결정 모형을 다양하게 투자자에게 제시됩니다. 내재가치와 수익가치를 구하는 분석 등을 동하여 적정 가격을 산출하여 전문가들은 선거판의 유세 현장에서처럼 시장에서 유명세를 얻고자 합니다.

이미 말씀드린 것처럼 가치는 규정하기 모호하여, 전문가가 말하더라도 가치 그 자체가 확정적인 대상인지를 깊게 생각해 보아야 합니다.

다양한 툴, 예를 들면, 배당평가 모형, 이익평가 모형, PER모형 등 수많은 모형이 있습니다. 하지만 그 툴은 학자들의 가치 평가 용이성을 위해 만든 그들의 기준일 뿐입니다.

가격과 가치의 일치점을 구하는 공식에 큰 의미를 둘 필요는 없다고 생각합니다. 가치평가에 대해 회의적인 의견을 드리는 것은 아닙니다. 어떠한 지표에서 말하는 적정가격 모형을 절대로 맹신하지는 말라는 의미입니다. 투자자가 전문가의 분석 기준을 살펴보고 사고를 해보는 것은 좋은 연습 행위이지만, 절대적으로 믿을 이유가 없다는 것을 인지하여야 합니다.

가치는 서로 다르다. 빨간 클립 한 개로 집을 얻다.

가치의 개인적 기호와 시간에 따른 상대적 이해에 대해 좋은 사례가 있습니다. 혹시 "14번의 물물교환"으로 작은 클립을 하나로 집을 취득한 이야기를 들어 보셨나요?
《빨간 클립 한 개》라는 책의 내용을 소개해 드립니다.

한 청년이 자신이 살 집을 얻기 위해 창의적인 발상을 합니다. 거래를 통해 서로 다른 가치를 만족 시켜 이득을 얻어 보자는 실험을 한 것입니다. 최종 목표물인 집을 구하기 위한 첫 거래 대상물은 '빨간 클립'이었습니다.
결론적으로 저자는 'Bigger and Better(비거 앤드 베터)' 라는 놀이를 계획하여 1년 만에 교환행위를 통해 집을 마련하게 되었습니다. 직관적으로 이해하기 어려우시겠지만, 나에게는 그다지 가치가 없지만 상대에는 큰 가치가 있을 수도 있다는 좋은 사례입니다. 누군가에게는 빨간 클립 하나의 가치가 1이라면 누군가에게는 2의 가치가 있을 수 있습니다. 빨간 클립과 물고기 모양의 펜의 교환에서 나의 만족이 2라면, 그것과 교환한다고 해도 상호간의 만족은 증진 될 것입니다. 이것을 깊게 생각해본다면, 수많은 거래들에 대한 이해가 증진될 수 있습니다. 시장에서는 유연함이라는 거래의 가능성을 열어주는 주제가 있습니다.

시간과 장소에 따라 가치도 변화한다.

시간에 따른 가치 변화에 대해서도 생각해 보도록 하겠습니다. 여기에 본인에게 멋진 황소 한 마리가 있다고 가정해 보겠습니다.

소 한 마리는 농업사회에서 거의 작은집 한 채의 가치가 있었다고 합니다. 농사에 도움은 물론 운송수단으로도 활용할 수 있었습니다. 하지만 현대의 소는 가치가 과거와 다릅니다. 소의 힘으로 농사를 짓는 사람은 거의 없으며, 거의 고기로만 이용됩니다. 하지만 또 아프리카 같은 축력으로 농사를 짓는 곳에서는 더 큰 가치가 생길 수 있습니다. 사용가치는 시간과 장소에 따라 달라집니다. 그래서 우리가 투자를 할 때는 교환가치에 대한 깊은 이해가 필요합니다.

가치는 고정적인 것이 아닌 변화하고 성장하는 관념

저는 투자 멘탈 가이드로서 투자자들께서 투자에서 절대적인
가치에 주목하는 것보다는 상대적 가치에 더욱 포커스를 두었
으면 합니다. 가치는 이 순간에도 마치 살아있는 생물처럼 계속
변화하고 성장하고 있습니다. 여러분께서 지속적으로 현명한
가치에 대한 안목을 높이기를 반드시 추천 드립니다.

핵심요약

가치에 대한 명확한 이해를 가져보자. 가격은 타인의 의견이지
만 가치는 고유한 본인의 관념이다. 가격을 보는 관점과 가치에
대한 탁월한 감각을 가져야한다.

04_특정 재화에 투자할 때

◆

　　　　재화는 돈이나 값나가는 물건 중에서 쌀, 옷, 책처럼 만질 수 있는 것으로 보통 '물건'이라고 표현합니다.

이 편에서는 많은 분들이 물건에 투자할 때는 어떻게 생각하고 판단해야 할지에 대해 저에게 문의해 주셔서 그 부분에 대해 독자 여러분께도 말씀드리자 합니다.

생각보다 가격이 잘 오르지 않는 재화들

물건을 구입하다가 혹시 이런 궁금증이 들지 않으셨습니까?

'물가는 계속 오르는 것 같지만, 실제로 가게에서 물건을 구입하려 하면 과거보다 크게 비싸지 않다.'

이런 현상은 잘 사는 나라일수록 더욱 두드러진다는 것을 알 수 있습니다. 일반 재화 특히 소비재의 가격은 항상 오르기만 하는 것은 아니라는 것을 인지할 수 있을 것입니다. 당장 인터넷 쇼핑몰에 접속해보아도 알 수 있습니다.

재화는 점점 가치를 유지하기 어렵다

요즘은 꼭 새 제품을 사지 않아도, 조금만 주의를 기울여 찾으면 중고거래나 무료로 나누는 커뮤니티에서 무료로나 저렴하게 구할 수 있습니다. 확실히 과거보다 모든 물건이 풍족해졌습니다.

저는 호기심이 생겨서 검색해 보았습니다. 대중적인 차량인 H사의 '소나타'를 한번 검색해 보았더니, 10년 전인 2009년형 중고차량은 약 270~590만원이었고 지금 신형가격은 2,000~3,000만원이었습니다. 확인해 보면, 당시 2009년 새 소나타 모델을 사려면, 지금 가격과 비슷합니다.

물론 새로운 모델들이 많이 출시되어 선호도가 많이 달라지긴 하였지만, 가격은 거의 오르지 않았습니다. 재화들 특히 '동산' 가격의 경우 컴퓨터든 자동차든 거의 오르지 않습니다(동산의 의미: 토지 및 그 정착물이 아닌 것).

혁신은 재화의 가격을 움직이는 키워드

소비하는 물건의 가격이 오르지 않는 이유는 바로 혁신과 기술의 발전이 그 원인입니다. 혁신적 발전이 이미 일어난 분야에서는 동일한 수준의 제품 가격이 크게 오르지 않는 것 같습니다.

새로운 기술로 인해 한순간에 구식이 되는 제품의 가격은
점점 내린다고 보면 됩니다.

혁신은 이러한 것입니다. 인류가 자신의 힘으로 짐을 옮기다가 힘이 들어 소나 말의 힘을 빌렸으며, 물리적 마찰 에너지를 극복하기 위해 둥근 바퀴를 발명하고, 축력의 비효율 때문에 새로운 에너지원을 사용하여 편리함의 차원을 높이고, 또 필요에 의해 증기기관을 발명하게 합니다. 자동차의 발명과 대중화 그리고 현재의 전기차의 성장 그 이후에 다가올 큰 변화는, 운전자의 수고로움을 극복하기 위해 그저 탑승하기만 하면 저절로 목적지에 도달하는 자율 주행 자동차의 개발입니다. 물론 자율주행 이후 에도 또 다른 혁신은 계속 생겨날 것입니다.

혁신은 인류에게 차원 높은 삶을 선사한다

혁신은 불편한 기존의 상황과 차원과는 다른 편의를 가져다줍니다. 위의 사례와 같은 큰 혁신도 있지만, 우리 경제는 서서히 작은 혁신들이 모여 고차원의 인류의 삶으로 전개되게 됩니다. 가장 큰 공헌자들은 기업가 정신으로 무장한 파괴적 혁신자들입니다.

그들은 새로운 것들을 만들거나 가져와 기존의 것과 경쟁하면서, 그 자리를 채워주고 자신의 공간을 만들어 갑니다. 이로 인해 갈수록 저렴하면서도 더 나은 품질의 제품이 점점 빠른 속도로 출현합니다.

더 이상 가격은 비용과 노력에 의해 결정되지 않는다

매우 정교하게 만든 장인이 만든 수제품은 나름의 가치가 부여되기는 합니다. 희소하기 때문입니다. 하지만 가격은 비용과 노력에 따라 결정되는 것이 아닙니다. 효용에 따라 결정된다고 보면 됩니다. 비용의 측면에서 혁신은 더욱 위력적입니다. 현대의 재화들의 원료가 되는 재료들, 신소재는 작은 비용으로 거의 무한에 가깝게 공급됩니다. 플라스틱, 철강 등 자연에서 채굴되고 운반되는 소재는 비용의 혁신으로 원가가 저렴해 지게 됩니다. 재화들이 획기적으로 가격이 오르지 않는 것은 이러한 연유입니다. 물론 재화는 인건비, 지대, 최소 금융비용 때문에 무한정 저렴해지지는 않는 다는 점이 있지만, 물가 상승속도에 비하면, 대체로 재화는 저렴해지게 됩니다.

그렇다면, 실제 물건을 소유하는 스타일의 투자는 어쩌면 위험할 수 있다

결론적으로 일반적인 재화를 장기 보유하여 차익을 남긴다는 발상은 수익률에 부정적인 결과를 줄지도 모릅니다. 어릴 때 모은 소량의 우표, 동전 수집 등의 투자가 매우 높은 가치가 있었던가요?

저는 어린 시절에 대통령이 나온 우표를 산 적이 있습니다. 1990년대 당시 2,000원에 산 것들이 현재는 3,000원 가격으로 팔 수 있다는 것을 확인하였습니다. 한 장 가지고 있다면, 그것이 어떤 의미가 될까요? 수만 장을 가지고 있다고 하더라도 과연 그것을 높은 가격으로 구매해줄 사람이 많을까요? 같은 기간 물가의 상승률은 수익률을 저해시킵니다. 이러한 여러 사항에도 불구하고 귀하지 않은 재화에 투자하고 싶다면, 이러한 부분을 고려해 볼 수는 있습니다.

* 거래가능성 - 훌륭한 재화라도 거래 시장이 없으면, 투자가치가 없다. 환금성이 원활하며, 합법의 범위에 있어야 한다.
* 대체제와 희소성 - 대체제의 수가 많으면 매력이 떨어지며, 대상 재화 수량이 많으면 가치가 낮다.
* 빠른 혁신의 가능성 - 혁신의 속도가 빠를수록 가격은 더욱 빨리 하락한다. 혁신의 가능성이 낮은 것이 유리하다.

여러분의 런닝머신에 무엇이 걸려있나요?

혹시 가족 중에 미래에 쓰임이 있을 것 같아 쓰지도 않는 물건을 아까워서 버리지 못하는 분이 있다면, 이렇게 충고해보시기 바랍니다.

"시중에 이 물건을 새것으로 얼마에 살 수 있을까요? 또 얼마에 팔수 있을까요? 그리고 그 물건을 소유함으로써 좁아진 집의 평당 매몰비용과 비교해 보세요."

필요 없는 물건은 당장 버리는 것이 오히려 이득일 수 있습니다.

필요 없는 것을 담아두는 것은 낭비와 같다-아인슈타인-

이번 주제를 통해 여러분께서 재화를 소유하고 투자하는 판단
에 도움이 되기를 바랍니다.

핵심요약

> 재화에 투자할 때는 신중해야한다. 대부분 물건은 자산으로서의
> 가치를 지니기 어렵다. 수 많은 인류의 혁신적 기술로 인해 일
> 반 재화는 거의 가치를 유지하기 어렵고, 소유하거나 거래하기
> 도 어렵다.

05_ 승자는 모든 것을 누린다

◆

부익부 빈익빈은 동서양의 공통된 지혜

신약성서 마태복음에는 이러한 문장이 나옵니다.

무릇 있는 자는 더욱 받아 풍족하게 되고,
없는 자는 있는 것도 빼앗기리라.

이 문장은 투자를 하는 사람이라면, 꼭 기억해야 하는 매우 중요한 개념입니다.   이러한 의미는 서양 뿐 아니라 동양에서도 보편화 된 생각입니다. 동양에서는 이렇게 표현합니다.

빈익빈 부익부

이 말은 '부자(승자)는 스스로 재산을 불리는 능력이 있으니 쥐어 줄수록 그 부는 더욱 늘어난다.' 는 뜻입니다. 사회전체를 잘 살게 하려면, 부족한 사람에게 지원하는 것보다는 부자에게 더욱 유리하게 하여, 사회전체에 생산물이 더욱 많아지게 하는 것이 옳다는 의미와 통한다고 할 수 있습니다.

이는 실제 투자에서도 상당히 중요한 전략이 될 수 있습니다. 이것은 부자는 부를 늘릴 수 있는 능력을 가졌기에 그것을 무언가를 만들고 판매하는 것이 능숙하고 ,또한 자산을 소유할 때도 그 가치를 잘 이해하고 오래 보유 할 줄 안다는 뜻으로 해석해야 합니다.

여러분이 누군가에게 돈을 맡긴다면 돈을 잘 불리는
부자에게 맡기겠습니까?
아니면 그러한 능력이 없는 가난한 자에게 맡기겠습니까?

이왕 집을 사려면 부자들이 사는 곳에 사라

부동산에 투자할 때도 이것을 기억해야 합니다.

가능한 한 부자들이 선호하는 지역, 선호하는 형태, 선호하는 구조를 선택하라.

부동산의 가격이 비싸고 여건이 좋은 곳을 택하면 더욱 성과가 좋다는 의미입니다. 훌륭한 조건의 입지에는 부자들이 이사를 가게 됨으로써 부동산의 가격이 더욱 올라 그 동네가 더욱 부자가 되는 현상을 볼 수 있습니다.

대부분 사람들의 좋다는 선호도는 거의 비슷하기 때문입니다. 더욱 세심하게 관찰해 보면, 대부분 부자들은 부자들끼리 어울리는 것을 편안해 합니다. 그로 인해 부자들은 한 곳에 모여 살게 되고, 그곳에는 부자들만이 진입하여 가격은 더 오르게 됩니다.

주식시장 또한 '빈익빈 부익부'의 현상이 일어난다.

주식투자를 생각해 볼까요? 전 세계의 시가 총액 대형주가 소형주보다 성과가 더 높게 나타나는 일들이 점점 자주 일어나고 있습니다.

특히 위기에서 정상화로 변할 때 수많은 투자자들이 시가총액이 큰 종목으로 포트폴리오를 개편하는 것을 볼 수 있습니다. 이러한 현상의 배경에는 위기 이후 투자자는 자신의 포트폴리오 손실을 만회하기 위해 기존의 종목보다 더 나은 것 혹은 더 큰것을 소유 함으로써 심리적 편안함을 얻고자 하는 맥락이라 판단합니다. 같은폭의 하락종목이라면 더 큰 시가총액의 종목이 더 잘 대응할 것이라 판단합니다. 실제로 시가총액 대형주는 돈을 빌려 사업을 하기도 더욱 용이하고, 위기 이후 전체적인 산업의 주도권을 더 많이 가져가기도 합니다. 업종 1위 종목은 구조적으로 산업의 주도권을 쉽게 유지하고위기 후 더 나은 입지를 더욱 공공히 하기도 합니다.

잘 모르겠다면 가장 비싸고 훌륭한 곳에 투자하라.

투자를 잘 모르신다면, 가장 비싸고 귀한 것이 저렴하고 흔한 것보다 거의 대부분 유리한 투자가 된다는 것에 유념하시기 바랍니다.
투자는 내가 알고 있는 가장 훌륭한 것이 아니라, 남들이 생각하기에 더 훌륭한 것을 택하는 것이 더 유리한 게임이기 때문입

니다. 무언가를 매수하려면 가장 비싸고 귀한 것부터 눈 여겨

보시기 바랍니다.

승자에 투자하라. 그들은 누구보다도 위기의 상황을 잘 이용해
서 한 단계 높은 단계로 올라설 능력을 지녔다. 어디에 투자해
야 할지잘 모르겠다면 가장 값비싼 대상에 투자하라.

다이아몬드 멘탈은 단단한
재무계획에서 시작된다

PART
03

돈관리를 알면

멘탈은 강해진다

01_ 두 개의 T로 돈의 흐름 알기

◆

여러분의 돈 관리에 도움이 되는 도구를 전해드립니다.

　　　이번 장에서는 다이아몬드 멘탈의 바탕이되는 각 주체의 재무적 안전성을 높이는 방법을 함께 생각해 보는 장이 될것입니다.

내 돈의 상황을 제대로 파악할 수 있다면 미래에 어떻게 재무전략을 세워야 할지에 유용한 기본 정보가 됩니다. 저는 두개의 알파벳 'T 그리기' 라는, 직관적으로 구성해보는 방법을 고안했습니다. 당신이 돈에 대해 의식적이든 무의식적이든, 생각하는 프레임에 좋은 기준을 제시해 드리고 싶습니다. 가이드에 따라 천천히 따라 그려 보신다면 돈 관리에 큰 도움이 되리라 생각합니다.

막연한 관리는 제대로 관리하지 못하고 있다는 의미입니다.

당신은 본인의 재무 상황에 대해 떠올릴 수 있나요? 그 내역이 머릿속에 즉각적으로 떠오르시나요? 나의 순자산은 얼마이고, 수입은 얼마이며, 매달 고정적으로 사용하는 금액과 주로 지출되는 항목 그리고 현재 부채의 금리 수준 등을 바로 떠올릴 수 있나요?

대부분 투자자는 이 내역에 대해 대략적으로만 파악하고 있을 것입니다. 하지만 그렇게 막연하게 알고 있는 것은 제대로 관리되고 있지 못하다는 뜻입니다. 지금 바로 이어지는 순서에 따라 현황을 파악해 보시기 바랍니다.

만일 여러분이 투자하고자하는 기업의 CEO가
기업의 재무상황을 제대로 이해하지 못하고 있다면,
과연 그 회사에 투자하시겠습니까?

여러분의 소중한 삶을 지키기 위해서는 새로운 시도를 지속적으로 해보아야 합니다. 현재 상황을 잘 이해하고 의외의 결과를 도출할수 있는 사건에 도전할수록 목표를 달성 할 확률이 높아질 수 있기 때문입니다.

여러분이 할 일은 생각해볼 시간과 종이와 펜을 준비하고 두개의 T자를 그려 보시면 됩니다.

재산 현황표 T와 수입-지출 현황표 T

첫번째 T-재산 현황표란?

가계는 기업과 같은 하나의 독립 경제단위입니다. 경제단위는 자신의 경영 상태를 확인하는 자료가 꼭 필요합니다. 저는 가계의 현황을 확인하기 위해 기업의 재무상태를 나타내는 대차대조표의 형식을 빌려왔습니다.

재산현황표는 총 재산 현황을 한 번에 파악할 수 있는 것을 목표로 작성하는 표입니다.크게 나누어 본다면, T의 좌측에는 모든 재산을 기입합니다. 그리고 T의 우측 상단에는 은행이나 타인에 도움을 받아 재산을 형성하는 빚(부채), 우측의 하단에는 자기자본(순재산)을 기록합니다.

작성시점과 작성 주체

표는 개인적인 재무현황표이기 때문에 작성 시점은 스스로 자유롭게 정해도 좋습니다. 하지만 효과의 극대화를 위해 표를 정기적으로 작성하면 더욱 좋습니다. 권고하는 작성주기는 약 6개월 또는 1년 단위로 작성해보면 좋습니다. 기입하는 자산과 부채는 기간의 개념으로 표현하지 않고 특정 시점 기준으로 작성합니다.

작성을 하는 주체는 상황과 나이에 따라 조금씩 다르지만, 가계의 주체인 부부가 함께 작성할 것을 권장해 드리며, 개념을 이해할 수 있는 자녀와 함께 작성해 보아도 좋습니다. 자녀들도 가계의 상황을 이해하고 경제 교육을 병행할 수 있습니다.

재산 현황표 T

부동산 00억 퇴직금 00억 금융자산 00억	담보대출 00억(0%) 신용대출 00억(0%)
인적자산 00억	순자산 00억

재산 현황표 세부적 작성법

왼쪽 면(차변) 작성법

1) 기입순서 : 가계자산에서 금액이 큰 순서로 기입하는 것이 좋습니다. 참고로 대한민국 가계의 약 65%는 부동산의 형태로 보유하고 있다고 합니다. 대부분 부동산이 가장 먼저 기입되고 퇴직금, 금융자산 등의 순서로 평가금액의 변동이 작은 자산일 수록 상단에 기입하고 변동이 큰 자산일수록 하단에 작성해 보는 것을 제안 드립니다.

2) 평가액 확인 : 합리적인 가격 평가 방법으로 통화를 통일해 기입합니다. 실제로 공동주택(아파트)의 경우 매매가 빈번하고 실제 거래가격이 인터넷상에 명확히 공개되어 나와 있는 경우가 많습니다. 상대적으로 토지나 상가는 거래가 드물기 때문에 소재지의 공인중개사 사무소에 전화를 해보면 대략적으로 판단할 수 있습니다.

금융 자산의 경우 현재 평가 금액 혹은 매도 시 이른 시기에 (2~4주안에) 현금화 할 수 있는 금액을 기준으로 평가합니다. 잘 모르겠다면, 거래기관 혹은 자산 관리자에게 일정 시점의 평가 금액을 문의하면 확인이 가능합니다.

근로자의 퇴직금의 경우 회사의 인사 혹은 총무 부서에 의뢰하면 즉시 확인 가능하며, 국민연금의 경우 일시 해지 시 얼마 인가를 문의 해보면 확인 가능합니다.

가격을 평가하기 어려운 자산의 경우, 예를 들면 거래가 거의 없지만 가격이 상당한 귀중품의 경우 전문가의 의견을 얻어 평가해 보는 것이 좋습니다. 한 가지 아이디어를 드리면, 공매 사이트에서 검색해보는 것도 사례 가격을 얻을 수 있습니다.

오른쪽 부분(대변)을 기입하는 방법

1) 우측 상단에는 빚(부채)을 기입한다.

빚에는 투자를 위한 빚이 있고 소비를 위한 대출금이 있습니다. 이 부분을 먼저 나누어 봅니다. 먼저 투자를 위한 빚을 상단에 기입하고 소비를 위한 빚은 하단에 나누어 기입합니다.

2) 위쪽에는 금리가 높은 빚, 아래로 내려갈수록 금리가 낮은 빚을 기입한다.

기억해야 할 것은 좋은 빚과 나쁜 빚을 구별해야 합니다. 이자율이 투자 수익률 보다 높으면 대체로 나쁜 빚, 이자율이 투자 수익률 보다 낮으면 대체로 좋은 빚입니다. 우선 상환해야 할 빚은 '향후 기대되는 이득보다 금리가 높은 빚' 입니다. 먼저 상환해야할 사항을 상단에 기입하여 항상 인지하며, 그것을 해결할 방법을 찾도록 노력해야 합니다.

3) 순재산은 자산에서 부채를 차감

'자산 – 부채 = 순재산' 금액이 되도록 좌측면과 우측면의 합이 동일해야 합니다. 당연히 부채가 자산을 초과하는 경우가 있습니다. 빚(부채)이 자산보다 큰 경우에는 실제 순재산이 마이너스 상태라는 의미입니다. 그로 인해 빚이 다시 빚을 불러오는 부(–)의 레버리지가 일어나는 상황이라고 말할 수 있습니다

재산상황을 확인할 수 있는 표를 만들어 보았습니다.

짧은 시간표를 작성해 보면서 우리는 재산 상황을 일정 기간마

다 점검할 수 있는 재산현황표를 얻었습니다. 물론 작성하는 것은 전혀 어렵지 않습니다. 조금만 인내심을 갖고 써내려 가면 됩니다. 그리고 매우 단순합니다.

하지만 주의해야 할 것은 왼쪽 면과 오른쪽면의 합계가 동일하게 맞추어야 한다는 점입니다. 왼쪽은 명목의 재산이고 오른편은 본인 재산(순자산)과 타인의 재산(부채)을 구분 확인할수 있습니다.

재산현황표 작성으로 얻을 수 있는 이점을 안내드리겠습니다.

1.순재산의 목표를 정할 수 있다

현재의 순재산의 현황을 확인한 후 미래의 순재산 목표를 명확하게 정할수 있습니다. 현재의 상황이 지속 될 때 합리적 기대수익률을 통해 미래의 순재산을 가늠해 볼수 있으며 어떤 변화가 필요하다면 자산에서 리스크를 얼마나 감당할 수 있으며, 어떤 변화를 줄수 있을지에 대한 유용한 정보가 됩니다.

2. 자산을 어디서 증대시킬지 전략의 아이디어를 얻을수 있다.

본인의 재산을 늘리고자 할 때 재무 판단의 관점에서 큰 도움이 됩니다. 부동산, 주식, 연금, 기타 자산을 살펴보면 본인의 재무목표에 따라 어디에 집중해야 할지 떠오를것입니다. 물론 모든 부분에서 재산을 축적 할수 있다면 좋겠지만 높지만 현실적으로 자본의 힘을 활용하기 위해서는 선택과 집중 전략을 사용해야 합니다. 가장 중점을 두고 관리해야 할 자산과 상대적으로 덜 비중을 두어야 할 것을 구분해 보아야 합니다. 개인적으로는 나이가 젊을수록 부동산과 연금에 초기 집중 설계를 하며, 여유 자금이 많을수록 주식, 채권 등의 금융 자산에 분배해 보는 것이 좋다고 생각합니다.

그 이유는 재무 상태가 안정되지 않은 경우 변동성이 큰 대상이 많을수록 심리적, 재무 안정성을 위협할 수 있습니다. 그래서 젊을수록 안정적이고 장기적인 자산을 준비하는 것이 중요합니다. 주거할 집과 장기간의 연금 적립은 불시에 찾아오는 재무적 위태로움을 막을 수 있는 기능 또한 이용 할 수 있습니다. 주식 투자의 경우 변동성은 있지만, 꾸준히 현금 흐름이 발생하는 상황에서 투자 할 때 더욱 유리합니다. 재무적 여유는 자금의 크기 뿐 아니라 시간의 여유가 있을 때 유리합니다.

자산을 매도해 얻은 수익은 운용의 핵심 분기점이 될 수 있다

부동산, 주식으로 얻은 상당한 양도 차익은 재무 현황의 레벨업에 중요한 계기가 됩니다. 그래서 무엇이든 자본주의 사회에서는 일단 되도록 많이 보유해야 한다는 말이 여기에서 통한다고 할 수 있습니다. 물론 금리 변화, M2(유동성이 높은 통화량)변화량 등을 주시하며 계획을 자주 점검해야나가는 수고로움은 있지만, 대부분 현재 체계에서 부자의 탄생은 자신의 상황보다 훨씬 높은 레버리지를 활용할 때 가능했습니다.

그래서 재산현황표의 우측면에서 중요한 요소는 단순한부채의 상환이 아니라, 부채의 관리입니다.

적정한 부채를 활용해 자본 차익을 얻을 수 있는 기회는
부를 얻을 수 있는 기회가 되기 때문에 부채의 상환에 집중하는
것보다는 부채 관리에 집중하는 것이 좋다.

특히 금리 상승기에는 부동산 가격이 횡보 혹은 내려간다는 막연한 상상을 피하고 현명하게 대응하는 방법을 준비하는 것 또한 중요합니다.

당신의 가치를 자산란에 기입해 본다

당신의 인적자산, 쉽게 말하면 본인의 가치를 재산현황표에 기입하는 것도 생각해 볼만합니다. 자산이란 '수익을 창출하는 재산'을 말합니다. 보통 젊은 세대의 가계에는 인적자산이 가장 주요한 가계의 소득원입니다. 통상 이 부분은 거의 자산이 없는 20~30대 가계에서는 무엇에 집중해 관리해 보아야 하는가에 대한 관점을 부여합니다. 물론 이 부분을 기입할지 말지는 본인 스스로의 판단에 따릅니다. 하지만 이 과정을 통해 재산 형성의 근간이되는 인적자산을 어떻게 높일 것인가에 대한 통찰력을 얻을 수도 있습니다.

한번 기입해보기로 결정했다면, 인적자산의 가치를 평가하기 위해 본인의 현재 연간 소득 수준과 생애 소득의 가치를 함께 고려하여 평가해보는 부분입니다.

인적 자산 추산= [연소득총액/합리적 할인율(물가, 금리)] x [(60 -현재 나이)/30]

현재의 소득으로 인적자산을 추산해 봅니다.

Step1. 근로 혹은 사업으로 인한 연간 세후 소득액의 총합을 구한다.

Step2. 미래의 가치를 현재로 만들기 위해 할인율을 생각해본다. 통계청 기준 대한민국의 물가상승률은 최근 2% 내외지만, 보수적으로는 3~4%를 권장한다(좌측의 산식에는 영구 연금 필요금액 산식을 적용함).

Step3. 경제 활동가능 나이를 60살 정년으로 가정하고 '60?현재 나이'를 뺀 금액을 분자에, 하단에 경제활동기간 30을 분모에 기입한다.

예를 들어 보겠습니다.

세후 연소득 5,000만원, 현재 나이 45세, 할인율 3%일 때 인적자산은 얼마인가?

$(5000/0.03)$ x {$(60-45)/30$} = 기대 인적자산 8.3억

유의할 점은 할인율을 너무 낮게 잡아 가치를 과대 계상하지 않아야 합니다. 스스로 냉정해 져야 합니다. 만일 할인율을 4%로 조정한다면, 인적자산은 6.25억이 됩니다. 그리고 뜻하지 않은 실직이나 건강상의 이유로 일을 그만 둘 경우 갑작스럽게 자산의 규모 차이가 크기 때문에 50대 이상에서는 인적자산을 고려하는 것은 추천하지 않습니다.

두 번째 T - 가계 수입지출 현황표

가계 수입 지출 현황표(이하 가계 수지표)는 기업의 손익계산서에 비유될 수 있습니다. 기업은 매출에서 매출원가를 차감하고, 다시 판관비 등의 각종 비용을 차감하면서 당기순이익을 구하는 계산 방식을 따릅니다.

본 표는 재무제표 작성 전의 자료인 시산표의 형태를 빌려 왼쪽에는 수입의 출처를 기록하며, 오른쪽 편에는 각종비용을 기록하여, 현재 가계의 수입과 지출, 투자의 방향이 어떻게 흐르고 있는가에 대한 판단을 도와주는 기록표입니다.

가계 수지표는 한눈에 돈의 흐름을 파악할 수 있다.

작성 시점 및 활용 편익 : 가계수지표는 일정 기간 동안의 합계를 다룹니다. 예를 들면 한 달 혹은 분기의 총합을 계산 합니다. 가계수지표의 활용 편익은 자금의 흐름변화와 현황확인은 물론, 가계 운영자의 머릿속에서 어떤 수입, 지출 이벤트가 발생한 경우 그것이 가계의 경제상황에 어떤 영향을 끼칠까를 직관적으로 이해 할 수 있는 구조를 보여주는 것입니다.

가계수지표 T

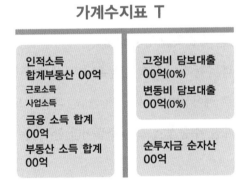

왼쪽 면을 구성하는 법(수입 부분)

1) 수입금액의 합이 큰 순서로 상단에 기입합니다.

원활한 파악을 위해 가장 큰 순서로 기입합니다. 단위는 '원' 으로 기입하는 것을 원칙으로 합니다.

2) '소득원천' 형태에 따라 묶어서 이해합니다.

보통 인적자본(근로, 사업), 부동산, 금융상품, 기타 등의 상위 분류를 나눕니다. 근로소득과 사업소득을 함께 묶으며 금융(예금, 채권, 주식)으로 인한 소득은 이자소득, 배당소득, 매도로 인한 수익금액 부동산으로 인한 소득은 임대수익, 양도차익을 기타소득에는 연금을 중심으로 기입하되 불규칙적으로 발생하는 소득을 기입합니다.

3) 능동적, 수동적 소득을 구분합니다.

능동적 소득과 수동적 소득의 구분은 본인이 소득에 중추적인 역할을 상시로 해야한다면, 능동적(Active) 본인의 노력이 거의 필요하지 않다면, 수동적(Passive) 소득이라 할수 있습니다.

오른쪽 면을 구성하는 법(비용)

1) 고정적 지출을 최상단에 기입한다.

매달 필요한 월세, 통신비, 식비등의 필수적 요소들은 고정 지출 항목에 기입하며, 매달 지출되는 투자성 지출은 함께 기입하지 않는다. 단 소멸되는 보장 보험은 고정비에 기입힌다.

2) 변동비는 비정기적 항목을 다룬다.

예를 들면 계획에 의해 여행비를 고정비에 편입할수 있지만, 기간에 1회 미만의 지출일 경우 변동비에 기록합니다.

3) 부채 비용은 관리를 위해 따로 작성한다.

소비 부채는 대부분 카드로 결제하는 금액과 할부이자 등입니다. 이 항목은 자신의 소비의 범위를 넘는 또는 비전략적인 소비를 위한 지출로 이자율이 대체로 높습니다. 부채의 관리에서 좋지 않은 지출입니다. 그에 반해 투자를 위한 혹은 내집 마련으로 인한 담보대출의 경우 투자를 위한 부채 비용으로 기록합니다. 전세 자금 상환시 부채 비용은 월세와 동일하게 고정비에 기록합니다.

가계 수지표에서 생각해 볼 부분

1) 투자 가능 금액의 배분은 효율적인가?

재산 현황표와 마찬가지로 가계수지표에서는 투자 가능금액을 이렇게 계산해볼 수 있습니다.

"수입 – 비용 = 투자가능 비용"

투자가능 금액을 어디에 먼저 집행할 것인가?

비중을 어떻게 나눌 것인가?

배분의 기준은 기대수익률과 자본비용(이자)을 기준으로 최적의 흐름을 만들도록 해야 합니다. 비율은 향후 가격 상승 기대와 현재의 생활수준 등을 고려하여 판단해야 합니다.

배분의 핵심 아이디어는 무언가 당신이 정기적으로 투자하기로 한 대상에 얼마나 높은 기대 수익률로 레버리지로 운용을 하느냐에 따라 장기적 부의 결과는 바뀐다는 것을 이해해야합니다.

그렇다면 과도한 소비로 많은 돈이 여러분의 지갑에서 자주 장기적으로 지출 된다면 여러분의 부의 결과는 부자가 되는 길과 반대일 것입니다.

2) 가장 먼저 투자해야 할 곳은 어디인가?

여러분이 20대라면 어디에 먼저 투자해야 할까요?

* 부채를 갚는 것?

＊ 저평가된 자산을 사는 것?

＊ 인적자본 강화를 위해 자기 개발에 사용하는 것?

경제활동에서 인적자본으로 인한 근로, 사업소득은 가장 중심 소득 중 하나입니다. 나이가 젊을수록 인적자본의 가치를 위해 비용과 노력을 투자하는 것은 장기적으로 효과가 큽니다. 미래의 결과에 따라 기대 값이 높은 곳에 집중해야 큰 효과를 볼 수 있다는 것을 기억해야 합니다. 그리고 인적자본의 수익률은 다른 어떤 자산의 수익률보다 높다는 것을 이해해야 합니다.

3) 수동적 소득을 어떻게 만들것인가?

수동적 소득(Passive income)의 비중이 클수록 경제적 자유에 가까워 졌다고 할 수 있습니다. 자신이 시간을 거의 투여하지 않고 얻는 소득(수동적 소득)이 오른편의 '고정비와 변동비' 를 모두 커버할 수 있다면, 더 이상 돈을 위해 열심히 일을 하지 않아도 된다는 의미일 수 있습니다. 수동적 소득이 매 기간 발생하는 비용은 물론 초과되는 금액을 재투자함으로써 시간이 갈수록 점점 부가 쌓이는 상황을 만든다면, 점점 부자가 된다고 할 수 있습니다. 당 개념은 매우 중요한 개념으로 여러분의 재무적 자유를 위해 꼭 이해해야 할 부분입니다. 물론 비용을 줄여서 경제적 자유를 얻을 수도 있지만, 스스로의 생활수준을 현격히 낮추기는 상당히 어렵습니다. 뒤에 이어지는 부자되는법에서 좀 더 명료하게 설명해 드리겠습니다.

두개의 T를 활용하는 방법

앞서 말씀 드린 두개의 현황표를 정리해 보는 것만으로도 상당한 재무적 만족감을 느끼실 수 있다고 생각합니다. 실제로 어떻게 활용해 보아야 할까요?

두 표는 서로 연결해서 이해한다.

각각의 표는 개별로 생각하는 것이 아니라, 하나의 연결된 정보로 보아야 합니다. 재산 현황표만 유리하다고 해서 재무상황이 훌륭하다고 이야기 할 수 없으며, 가계수지표에서 수입이 많다고 해서 안전하다고 말할 수도 없습니다. 두 표의 현황이 균형감 있게 변화하는 방향으로 전략을 구상해야 합니다.

핵심 포인트는 '두 표의 우측하단의 현황'

표를 작성하고 보면, 당신의 "순재산"과 "투자 가능금액"을 늘리는 것이 우리의 재무적 상태를 개선하는 방법이라는 것을 이해하시리라 생각합니다. 그 두 파트의 성장을 목표로 부의 운용 주안점을 둘 것을 강조 드립니다.

재산 상황도 사이클이 있다는 것을 이해한다.

표는 항상 긍정적으로 변하거나 부정적으로만 변화되는 것이 아닙니다. 리듬을 이해해야 합니다. 생애에도 사이클이 있습니다. 작성자의 나이, 가족 구성원 변화 등 다양한 변수는 존재하며, 자산은 당신의 사망까지 항상 성장 일로로만 방향을 잡는 것이 아니라, 성장-성숙-쇠퇴의 흐름이 있다는 것을 이해한다면, 좀 더 여유로운 마음으로 운용이 가능합니다. 경제 활동기가 지나면, 인적자본의 가치가 자연히 쇠퇴하는 것을 이해하며 자산도 매번ㄴ 성장 일로로만 갈수는 없다는 것을 이해해야 합니다.

제안 드리는 두 개의 표를 통해 여러분의 향후 재무 상황 파악과 전략 판단에 도움이 되길 기대 하겠습니다.

핵심요약

재무 상황을 제대로 확인해보는 것만으로도 멘탈을 유지할 수 있습니다. 투자 손실을 보고 이쓴ㄴ 금액 외에도 당신에게는 많은 재산이 있다는 것을 이해할 수 있기 때문입니다. 전체적으로 재산의 현황을 파악하는 습관은 멘탈 유지에 큰 도움을 줍니다.

02_ 평생 돈 계획을 세우자

◆

평생의 돈 문제를 생각해 봅시다.

이 편에서는 당신의 삶을 관통하는 돈 이야기를 나누어 보겠습니다. 주요한 삶의 미션들을 제대로 이해하게 됨으로써, 당신이 지금 겪고 있을지도 모르는 현재의 투자 손실의 결과에 너무 집착할 필요가 없는 이유를 다시 깨달을 수 있을 것입니다.

꼭 생각해 보아야 할 인생의 돈 문제들

1.돈은 얼마나 필요한가?

2.소득 소비 그리고 축적

3.패시브 인컴 만들기와 운용하기

4.인생의 위험에 대한 대비

5.자녀에게 부를 이전할 때를 위한 생각들

지금부터 하나씩 이야기해 보겠습니다.

1. 돈은 얼마나 벌어야 할까요?

물론 돈은 많이 벌면 벌수록 좋겠습니다. 살아가는데 돈이 풍족하다면, 여러가지 불편함도 해결할 수 있을 것입니다.

돈으로 살 수 없는 것도 많다고 하지만, 그 못사는 것들 빼고는 거의 대부분은 돈으로 살 수 있습니다. 그리고 부는 개인에게 상당한 안정감을 부여합니다. 적어도 돈 걱정은 덜하고 사는 행복을 부여합니다.

우리 인생의 30년은 부모님의 도움으로, 그 다음 30년은 독립하여 자신의 가족을 부양하고, 남은 30년은 30년간 축적해 놓은 것을 이용하여 죽음의 순간까지 무리 없이 살아가는 것이 요즘 시대에서 보통의 삶의 모습입니다.

예시로 30세의 남성이 가정을 꾸리는 상황으로 이야기해 보겠습니다. 그에게 삶의 핵심적인 이벤트는 아래와 같습니다.

* 결혼

* 자녀 출산과 양육

* 내 집 마련

* 노후준비

삶의 핵심 이벤트를 60년이라는 시간 내에 무사히 수행하는 것이 일반 가장의 재무적 목표입니다.

실제로 얼마나 돈이 필요할지를 엄밀하게 따져보면, 사람마다 상황마다 다르며 기대하는 정도도 모두가 다를 것입니다.

얼마나 돈이 필요한가는
예상물가 수준과 생활수준에 따라 각자 필요금액을
산출해보는 것이 계획의 출발입니다.

2.소득과 소비 그리고 축적

우리는 자신과 가족의 생활을 영위하는데 필요한 자금을 얻기 위해 돈을 벌고 있습니다. 우리 생의 소득은 얼마면 적당할까요? 당연히 많으면 많을수록 인생 전반의 자금계획에서는 유리합니다. 하지만 대부분의 소비수준과 성향은 일반적으로 극도로 높아지지는 않습니다. 또한 가계의 변동비와 고정비는 어느 정도 정해져 있습니다. 이러한 예상을 통해 우리는 어떻게 소득을 올려서 그 자산을 축적 해 나갈 수 있을까 하는 고민을 계속 해나가야 합니다.

가장 중요한 소득에 대해 좀 더 생각해 봅니다. 자신이 돈을 버는 기계(근로)가 되어 소득을 이루는 것을 '액티브 소득(Active income)', 자신이 가진 돈으로 혹은 아이디어로 돈 버는 기계에 투자해 지속적으로 얻는 소득을 '패시브 소득(Passive income)'이라고 하겠습니다.

액티브 인컴 + 패시브 인컴 = 총소득

총소득 − 소비 = 축적할 수 있는 자산

재무적인 목표 중 인적자산을 바탕으로 축적한 자금으로 내가 관여하지 않고도 부가 늘어나는 패시브성 소득을 통해 자산을 축적하며 점점 자본을 키워가는 것이 우리가 원하는 이상적인

그림일 것입니다.

내가 일하지 않고도 축적한 자본만으로 살아가는 모습은 많은 이들의 꿈이라고도 할 수 있습니다. 하지만 패시브 인컴을 사회 초년생이 바로 큰 금액으로 달성하기는 쉽지 않습니다. 그래서 젊은 시절에는 액티브 인컴을 올리기 위해서 좀 더 노력하여야 하는 것입니다. 부모님이 어릴적부터 그토록 자녀들에게 공부 열심히하라는 말 또한 교육, 학벌 등 그러한 것에 어느 정도 성공의 가능성을 높여 주었기 때문입니다. 물론 공부만으로 부는 절대 이루어지지 않는 것이지만, 스스로 공부를 하면서 역량을 키워가는 것또한 무시할수 없는 항목입니다.

간혹 평생 액티브 인컴을 얻는 노력에만 힘을 들이는 사람들도 있습니다. 하지만 평생 일을 할 수밖에 없는 것이 우리의 삶입니다. 액티브 인컴 플레이어로만 남아서는 안 됩니다. 청년들은 일찍부터 투자도 잘 할 수 있는 패시브 인컴 메이커가 되기 위한 노력을 꾸준히 해나가야 합니다. 보통 금융 지능이라고 하는 이러한 능력은 비단 금융전문가 만이 관심을 가져야 하는 역량이 아닙니다. 누구나 직간접적으로 경험해야 하고, 장기적으로 반드시 가져야 하는 역량입니다.

여러분 본인 뿐 아니라 자녀들까지 모두 부자가 되게 하고 싶다면, 금융지식, 자본의 원리 그리고 돈에 대해서 꼭 가르쳐야 합니다. 내가 잘 알아야 자녀들에게도 알려줄수 있습니다. 내가 그것에 대해 내가 스스로 먼저 공부해야 하는 이유입니다.

재정적 목표의 핵심은 얼마나 빠르게 패시브 인컴으로 소비 수준을 충당하느냐가 경제적자유로 가는 길입니다. 이러한 내용이 추가로 궁금하신 분들은 로버트 기요사키의 저서 《부자아빠 가난한 아빠》의 내용을 읽고 이해하신다면 많은 도움이 될 것입니다.

3. 패시브 인컴 만들기와 운용하기

우리는 매월, 매일 필요한 돈의 수준을 생각해 보았습니다. 그렇다면 내가 일하지 않아도 충당하는 패시브 인컴을 만드는 것이 중요하다고 하는데 실제로 어떻게 만드는 것일까요?

패시브 인컴이 조직될 수 있는 주요 대상들

부동산, 주식, 채권, 예금

이뿐 아니라 다양한 자산군을 활용한다면, 일정기간 경과 시 내가 관여하지 않더라도 꾸준하게 나에게 배당, 이자 등을 지급하는 자산 군을 시스템화 할 수 있습니다.

이어지는 내용에서 독자들의 이해를 돕기 위해서 자산군 별로 대표적 자산의 패시브 인컴을 기획해 보겠습니다. 기획에는 투자의 핵심적인 개념인 레버리지(부채)를 사용해봅니다. 아래의 가정은 비용과 세금을 공제하지 않기로 합니다.

✳ 부동산으로 패시브 인컴 만들기

일반인에게 왜 부자는 더 부자가 되는가에 대하여 역사적 통계로 궁금증을 해소해 준 경제학자 토마 피케티의 《21세기 자본론》의 자료를 참조합니다.

피케티의 연구에 의하면, 역사적 주택의 가격 의 상승률은 4~5%의 기대수익률(평균의 수치, 모든 부동산 아님)을 제시합니다. 부동산은 패시브 인컴을 구조화하기 가장 쉬운 자산군이라 여겨집니다. 그 이유는 담보의 안정성으로 레버리지라는 툴을 사용하기에 가장 쉬운 대상입니다. 하지만 대부분은 투자 규모가 큰 대상입니다.

부동산을 통한 예시

당신께서 1억이라는 자금에 1억이라는 추가 자금(부채)을 빌려 월세를 받는 부동산에 투자한다고 생각하겠습니다.

물론 그 부동산은 임대가 가능합니다. 은행 대출 시에는 이자로 연 3.5%로 빌렸으며, 월세 수입이 월 60만원이라면 연간 패시브 이익은 아래와 같습니다.

부동산 패시브 이익 : 연간 720만원의 월세 수입-
이자비용 350만원 부대 비용 = 370만원

1억을 투자하여 매년 370만원의 패시브 이익을 얻습니다. 이것은 1억으로 내가 일하지 않아도 자동으로 연간 들어오는 금액이자, 부가적으로 미래 자산가치 상승 시 매각차익은 기대할 수 있는 이익들입니다. 물론 월세를 높게 받거나, 금리를 유리하게 가져간다면 실제 수익률은 더욱 높아질 수 있습니다.

＊ 채권으로 패시브 인컴 만들기

채권을 통한 예시

연 4.5%의 이자를 받는 10년만기의 채권이 있다고 하겠습니다.

이것을 이용해서 패시브 인컴을 만들어 보겠습니다. 보통 금리와 신용도는 역의 관계가 있다는 것을 이해하면 좋습니다.

보통 금리가 높을수록 신용도는 낮다.

만일 내가 가진 1억에 추가 1억 자금으로 투자한다면 이자가 900만원이 나옵니다. 연 3.5%의 금리로 대출을 받았다고 가정하면 나의 패시브 이익은 아래와 같습니다.

채권 패시브 이익: 채권이자 900만원 - 대출이자 350만원
=550만원(1억 투자시)

투자 중간에 채권가격의 변동에 따라 매도한다면 투자수익률은 달라질 수 있습니다.

＊ 예금
부동산과 채권과 달리 예금은 투자 대상의 범주로 넣기 부적당합니다. 패시브 전략은 부채의 힘을 이용하여 인컴을 이용하는 경우가 많은데, 예금은 대출보다 거의 대부분 금리가 낮기 때문

에 사용하기 적당하지 않습니다.

또 예금은 적극적 투자의 대상으로 보기에 구조적으로 물가 상승률을 커버하기 힘듭니다.

＊주식 자산군을 통한 수익증대 전략에 대한 개념 설계

자동적인 시스템의 구조를 만들어 패시브 인컴을 받는 것 자체는 어려운 일이 아닙니다. 하지만 주식 자산군을 활용하여 수익률을 극대화 하는 전략은 난이도가 높은 편입니다. 주식 자산은 패시브 인컴으로 구조화한다는 측면에서 유용성은 있지만 상당한 제약이 따릅니다. 고배당을 지급하는 종목군을 바스켓화하여 매수하는 전략이 있긴 하지만, 시세의 변동이 상당히 큰 편이기 때문입니다. 주식자산은 패시브 인컴으로 전환하기보다는, 액티브 인컴을 패시브 인컴으로 전환하기 위한 '고속 엘리베이터' 같은 개념으로 이해하는 것이 적당하리라 생각합니다.

주식에 접근하기 전에 본인이 "왜 주식자산에 투자하여야 하는가?"라는 개념을 정확하게 인지하고, 주식 자산군을 패시브로 다룰 때 적용 가능한 전략에 대해서 이야기 해보도록 합니다.

포트폴리오를 구성해야 합니다.

주식형의 구조에는 주식, 펀드, 랩, ELS 등 시장에는 다양한 투자수단이 있습니다. 그 수단으로부터도 수많은 투자전략이 확장될 수 있습니다. 제가 말씀드리고 싶은 것은 한 가지 자산에만 집중하는 것보다는 분산투자가 심리적 우위에 있을 수 있다는 이야기를 전해드리고 싶습니다.

글로벌 투자 자산을 포함시켜야 합니다.

투자 기본지식 장에서 소개해드린 현대포트폴리오 이론에서는 다양한(해외) 자산군을 추가로 포트폴리오에 추가 시 수익 및 위험의 개선이 가능하다는 것을 말씀드렸습니다.

당신이 만일 국내 시장에만 투자한다면 전 세계 자산의 2%에 미치지 못하는 대상에 투자한다는 사실을 이해해야 합니다. 적극적으로 98%의 기회를 누리는 준비를 해야 합니다.

수익률 방어 전략을 마련해야 합니다.

투자 스타일에 따라 성장주, 역발상, 차트기반, 가치투자 등 다양한 전략이 있지만, 중요한 것은 그러한 전략 안에서도 시장

급락 시 보완이 가능한 안전장치가 꼭 필요합니다.

대부분의 투자자는 증시 하락 시 수익률의 극단적 훼손을 방지할 만한 준비가 필요합니다. 그렇다고 일반 투자자는 전문가가 다루는 선물 혹은 옵션의 포트폴리오를 고민할 필요까지는 없습니다. 다루기가 상당히 까다롭고 비용이 큽니다. 제가 가장 추천 드리는 것은 포트폴리오 내에 달러 가격과 연동하는 투자나 혹은 금, 은 등 안전자산군에 대한 투자도 그 방법이 될 수 있다고 생각합니다.

지금까지 패시브 인컴 가능 자산군의 간단한 사례를 들어 고정적 현금 흐름 만들기를 설명 드렸습니다. 이 과정은 재무적 자유를 위해 당신의 인생에서 어느 순간 반드시 필요로 한 계획입니다.

4. 인생의 위험에 대한 대비

삶에서는 대비 할 수 있는 이벤트와 대비 할 수 없는 이벤트가 있습니다.

＊ 대비할 수 있는 이벤트 : 노후, 자녀 양육 자금 이벤트

라이프사이클에 연결된 이벤트는 자금 계획을 통해 어느 정도 통제가 가능합니다.

＊대비하기 힘든 이벤트 : 갑작스러운 실직, 질병, 사고, 사망의 위험 관리 이벤트

갑작스러운 큰 위험은 보통 대처하기가 쉽지 않습니다. 그래서 보험과 같은 최소한의 안전판을 부의 축적에 앞서 고려하는 것도 중요하다고 생각합니다. 단 자신의 소득과 재산수준을 고려하지 않고 과도하게 보장성 보험을 많이 가입하게 되면, 미래의 자산 축적 기회도 많이 줄어든다는 사실을 명확하게 이해해야 합니다.

당부 드리는 것은, 너무 과도하게는 알 수 없는 위험을 준비하지 않는 것입니다.

> 그 이유는 세상에는 위험이 존재하지만,
> 본인이 생각하는 것보다 세상은 위험하지 않고,
> 그 위험을 다른 방법으로 통제하는 방법이
> 많이 있기 때문 입니다.

5.자녀에게 부를 이전 할 때를 위한 생각들

대부분의 개인은 자신이 경제활동을 통해 축적한 자산을 모두 소비하지 못하고 생을 마감합니다. 그 부는 후대에게 이어져 그들의 삶에 도움이 되기도 합니다.

부의 후대 이전은 자본주의 사회에서 구성원들에게 더 큰 부의 축적을 위한 강한 동기부여로 작용하기도 합니다. 많은 자산을 보유한 분들은 생의 후반기가 되면 이러한 고민들을 하게 됩니다.

"내가 열심히 축적한 자산을 자녀들에게 어떻게 잘 물려 줄 것인가?"

후대를 위해 생각해볼 요소들

＊재산 이전 결정권을 부모가 가진다.
＊가치가 오를 수 있는 대상을 저렴할 때 물려준다.
＊적법한 방법으로 미리 미리 준비한다(가업 상속 시).

위와 같은 다양한 물음에 답을 생각해보면 상당히 도움이 될 것입니다.

자세한 세대간 부의 이전 전략은 상속 증여플랜 전문가와 계획해 보는 것이 좋습니다. 부의 이전을 계획한다면 생각보다 세금문제로 복잡한 부분이 있다는 것을 이해해야 합니다. 준비하지 않고 돌아가실 때까지 보유하고 계시다 상속세를 듬뿍 내시면 국가에는 좋지만, 내 자녀에게 많은 부를 물려주려는 부모의 마음과는 맞지 않을 것입니다.

이 편에서 제시해 드린 5가지의 주제를 스스로 고민해 본다면, 막연한 미래에 대한 불안이 상당히 관리될 수 있을 것입니다.

핵심요약

돈을 버는 것에서부터 규모있게 사용하고 생의 마지막에 후대에 전하는 인생의 단계들에 대한 이해를 높여 봅시다. 좀 더 넓은 시각으로 현재의 투자를 바라볼 수 있을 것입니다.

03_ 행복한 은퇴를 위하여

◆

　　　만일 소득이 중단된 노후시기의 단단한 경제적 준비가 있다면 현재 아무리 투자의 결과가 불편하더라도 투자 멘탈을 단단하게 잡는데에 큰 도움이 될것입니다. 누구나 가지고 있는 노후 고민을 해결하는데 도움을 드리고자 합니다.

당신이 투자를 하는 이유는 무엇인가요? 보통은 내가 일을 할 수 없을 때 투자자금으로 생계를 유지할 수 있을 것이라는 기대가 있을 것입니다.

적정수준 이하의 자산을 보유한 가계에서 가장 두려운 것은 소득이 단절 되는 시기일 것입니다. '미래에 어떻게든 되겠지.' '자녀가 도와주겠지.' 라는 불확실한 생각보다는 스스로를 지키는 전략을 구상하고 준비해야 합니다. 막연한 두려움이 있다면 충분히 관리를 통해 이겨낼 수 있습니다. 혹시 이미 은퇴기의 독자님들은 이 편에서 천천히 점검해 보시는 기회를 가지시도록 돕겠습니다. 가이드로서 여러분의 행복한 은퇴를 함께 준비하는 마음으로 시작해 보겠습니다.

필요금액은 천차만별이다.

개인사업자, 근로소득자, 주부 등등 어떤 역할을 사회에서 하든지 대부분의 재무적 목표는 평생 돈 걱정 없이 살아가는 것이라고 생각합니다.

> 돈이 얼마나 있어야 노후에 편안할까요?
> 정답은 스스로에게 있습니다.

보통 현재의 소비수준과 연결 지어 생각해 볼 수도 있지만, 그또한 쉬운 일은 아닙니다. 그래도 누구나 최소한 현재와 같은 수준의 삶은 살고 싶을 것입니다. 각 가계에서 매달 지출되는 고정적인 비용과 변동비용을 생각해 본다면 합리적으로 추산해 볼 수 있을 것입니다. 두 개의 T를 이미 그려 보셨다면, 이해에 도움이 될 것입니다.

대한민국 은퇴자의 미래 환경을 생각하자

우선 대한민국에서 살아갈 은퇴자에게 미래에 직간접적인 영향을 줄 대내외의 경제적, 사회적 환경부터 생각해 봅니다. 그 이유는 미래의 은퇴 환경이 현재와 매우 많이 다를 것이라 판단하기 때문입니다.

대표적으로 이러한 상황이 예상됩니다.

＊늘어난 기대수명과 이른 은퇴 – 2020년 기준 평균 기대 수명 82세, 또한 미래에는 다양한 직종에서 AI와 기계 자동화는 수많은 직장인의 일자리를 뺏을 것입니다.
＊저금리 사회 – 물가 보다 낮은 금리 상황은 지속될 가능성이 높습니다.
＊핵가족화 – 1인 가구는 가장 많은 세대수를 나타내고 있으며 자녀 1명 혹은 많아야 2명의 자녀를 가진 가구가 대부분 일것입니다. 우리가 살아가는 사회는 이미 누군가가 선뜻 서로의 노후

를 책임져 줄 수 있는 상황이 되지 못하는 상황입니다.

이로 인해 우리가 예상할 수 있는 은퇴기의 모습은 과거 우리 부모님의 삶과 매우 다를 것입니다.

실제 대한민국 근로자의 평균 은퇴 연령은 50대 중반이라고 합니다. 반면 기대 수명은 80세가 넘습니다. 100세가 될지도 모릅니다. 적극적(?)으로 돈을 벌지 않으면 모아둔 것으로 약 25년 이상을 보내야 한다는 뜻입니다.

지금의 20~40대는 부모님에 비해 기대수명이 길어졌고 경제활동 시작 시기는 늦어 졌습니다. 당연히 저출산으로 자녀 숫자는 줄어들었고, 그들을 부양해야할 기간이 길어 질것입니다.

만만치 않은 현재의 상황이지만 분명 솔루션은 있습니다. 현직 자산 관리자로서 여러분의 은퇴를 위해 중요히 여겨야 할 포인트를 중요도 순으로 말씀 드리겠습니다.

1) 장기 현역화

2) 합리적 소비 습관

3) 연금 준비 전략

• 국민연금부터 챙겨라(정부와 협력)

• 퇴직연금을 잘 활용하라.

　(집이 없다면, 거주 안정에 보태기, 주택연금 활용)

• 개인연금을 활용하라(세테크).

4) 자산배분 전략

• 부동산과 금융자산

• 국내자산과 해외자산

• 가능한 다양한 자산을 보유하라.

5) 위험 관리 전략

하나씩 순서대로 다루어 보겠습니다.

1) 장기 현역화 :

가계에서 수입이 나오는 원천은 크게 두 가지입니다.

－인적 자본 소득(본인 혹은 주 경제활동 가족)

－자산 소득(부동산, 주식 등의 자산)

> 본인의 금융자산이 은퇴를 보내기에 부족하다는
> 판단이 들었을 때는 바로 인적 자본을 대폭 확충하는
> 전략을 취해야 합니다.

지금 이 책을 읽고 있는 분들이 어떤 상황에 있든 자신을 잘 지켜야 합니다. 사회 초년생의 경우 자기개발을 통해 자신의 가치를 상승시키는 투자를 해야 합니다. 장년층(40대 이상~)이라면 건강과 자신의 역량 강화를 위해 노력해 나가야 합니다. 이것은 선택의 문제가 아닙니다. 필수입니다. 꼭 자격증 공부가 아니더라도 미래의 금융자본의 부족을 충당할 수 있는 거의 유일한 방법은 인적자본의 확충입니다. 여유가 된다면, 전문성을 위해 대학원에 등록한다거나 자격증을 취득하는 플랜을 권장해 드립니다. 여유가 없더라도 이러한 배움과 전문화의 과정에 소요되는 비용은 대부분 회수 할 수 있기 때문에 반드시 고려하기를 권해 드립니다.

당신에게 시간, 돈의 여유가 없다면 독서 습관을 강하게 추천해 드립니다. 오랜 기간 책의 저자가 누적적으로 축적한 그들의 노

하우를 작은 돈으로 매우 빠르게 배울 수 있는 방법은 책을 읽는 것이기 때문입니다. 혹시 책 100권을 읽어 장기적으로 100배의 이득을 얻는 것을 믿고 독서에 시간과 에너지를 투자해 볼 만합니다. 셀프 교육은 가장 높은 수익률을 거두는 투자대상이라고 생각합니다.

지금 가진 지위가 안정적이고 많은 수입이 예상된다면, 현직에서 장기 현역화는 매우 중요한 전략입니다.

누가 뭐라 해도 장년층의 최고 노후 대비 전략은
현직에서 있는 시간 늘리기라고 생각합니다.

평생 현역화를 위한 준비는 현직에 있을 때부터 시작하는 것이 좋습니다. 꼭 현재의 직장에서 직을 연장하지 않더라도, 서서히 자신만의 평생직장이 아닌 평생직업을 준비해가는 것이 좋습니다. 준비는 심리적으로 큰 위안이 되며, 실제로 좋은 변화를 갖게 된 사례가 많이 있습니다. 은퇴 후 목돈을 들여 거창한 사업을 준비하는 것은 위험할 수 있습니다. 젊은 층에겐 시간과 에너지가 있지만 시니어에게는 회복불가의 상황이 초래될 수 있습니다. 부디 현명해져야 합니다. 직장에 있을 때 오히려 사회적인 수요가 있거나 특수한 분야의 희소성이 있는 직업을 서서히 준비해 보는 것이 좋습니다.

제2의 현역준비기간은 최소 은퇴 예상 시기 전 대략 5년 이상이 좋지만 가장 좋은 것은 당장 지금부터라고 생각합니다.

우선 고려 직종은 본인이 일하는 현직과 유사한 전문성을 발휘할 수 있는 직업이 좋습니다. 눈을 조금만 낮춘다면, 생각보다 은퇴 후 할 수 있는 일은 많습니다. 분명히 현역 기간은 본인이 근무하는 곳에서만 할 수 있는 것은 아니라는 점을 잘 이해하고, 경력 관리와 자격 관리를 전략적으로 가져가야 할것입니다. 그렇다면 장기 현역화도 어렵지 않을 것입니다.

2) 합리적 소비를 하자 :

은퇴 후에도 활발한 경제 활동 시기의 소비 수준을 그대로 가져가면 좋겠지만, 수입이 줄어든 상황에서는 불필요한 비용을 되도록 줄이는 것이 좋습니다. 미국 부자들의 생활양식과 사고방식에 대해 잘 소개한 책 《이웃집 백만장자》에서 말하는 백만장자가 되는 첫 번째 원칙은 "수입보다 지출이 적어야 한다."입니다. 은퇴 기에서 소비를 잘 관리한다면, 부가 후퇴하지 않고 오히려 증가하는 범위에서 생활이 가능합니다. 적정한 소비 습관은 은퇴기 뿐 아니라 평생 가져가야 할 귀한 덕목입니다.

> 소비에서 오는 만족은 순간적이지만, 자산에서 오는
> 눈덩이 효과는 그 만족이 더욱 길고 큽니다.

3) 연금전략 : 노후에 가장 귀한 금은 연금

금 중에서 가장 귀한 것은 우리가 살아가고 있는 '지금'이지만, 어쩌면 노후에는 그 금이 '연금'일지도 모르겠습니다. 연금은 계획적으로 잘 준비해 나가면 노후에 큰 힘을 발휘합니다. 내가 일하지 않아도 나에게 급여를 매달 주는 대상을 미리 준비해야 합니다.

＊ 국민연금을 잘 활용하라(국가와의 협력).

연금 중 물가상승률을 감안하면서 죽을 때까지 나에게 지급되는 연금 상품은 국민연금이 거의 유일하다고 볼 수 있습니다. 또한 국민연금은 전 국민을 대상으로 의무적으로 실시되는 연금제도로, 최소 10년 이상 가입하면 평생 받을 권리를 가질 수 있습니다. 물론 금액의 차이가 있겠지만, 작은 금액이라도 평생 나의 계좌로 지급된다면 얼마나 재밌을까요?

국민연금은 최소한의 은퇴전략이며, 사회 보장 제도입니다. 2000년대 이후 수많은 젊은이들이 공무원 시험을 선택하는 이유 중 하나는 안정적인 연금의 이점이라고 합니다. 하지만 일반 인도 국민연금을 잘 활용하면, 노후에 공무원의 연금과 같은 편안함을 누릴 수 있습니다. 전략적으로 공무원처럼 노후에 연금을 받고 싶다면, 일반 기업에서 국민연금과 개인 퇴직금을 잘 관리해보면 됩니다. 더 나은 구조를 만들지 못할 이유가 없습니다. 참고로 퇴직금과 같은 다른 조건을 제외 했을 때, 대체로 국민연금보다 공무원연금이 더 많이 내고 더 많이 받는 구조임은 분명합니다.

* **퇴직연금을 잘 활용하라.**
공무원은 아니지만 공무원 같이 연금을 받기 위해 퇴직연금을 이야기 해볼 때 입니다. 법적으로 근로자는 '퇴직급여보장법'에 의해 모든 사업 또는 사업장에서 적용을 받습니다.

퇴직금은 근로자에게 1년에 30일분 이상의 평균임금을 퇴직 근로자에게 지급하는 제도입니다.

이는 가입기간이 10년 이상인 가입자에게 55세 이후 5년 이상의 기간으로 연금 형태로 지급하게 됩니다.

확정급여형, 확정기여형, IRP 등 다소 복잡하지만, 핵심은 퇴직금은 국민연금과 더불어 근로자의 노후 보장에 중요한 역할을 합니다. 퇴직연금은 국민연금 장기가입과 퇴직연금 장기 가입 시 상당한 노후의 버팀목이 된다는 사실은 잘 알고 계시리라 생각합니다. 잘 모르시는 분들을 위해 본인이 받을 퇴직금을 생각해 보면 이러합니다.

예상 퇴직 금액 : 보통 확정급여형(DB)
기준으로 퇴직 전 3개월의 평균임금(상여(1년 기준),
연차 수당 포함) × 근속 연수

확정급여형 : 향후 임금상승에 따른 이득이 큰 방식, 퇴직 후 받을 금액이 정해진 방식

확정기여형 : 금융사의 운용수익에 따라 수익이 결정되는 퇴직

금 적립방식

동의하지 않는 전문가분들도 계시겠지만, 근로자의 노후 안정을 위해 퇴직금 또한 중요하지만, 더욱 중요할 수도 있는 '주거 안정'을 위해 퇴직금 중간 정산도 활용 가능하다는 생각을 말씀 드리고 싶습니다.

특히 투자 수익 개선을 위한 특별한 전략이 없는 경우(DC 가입자) 혹은 임금 상승이 미미할 것으로 판단되는 상황에는 중간 인출로 돈을 보태어 가정의 안정을 줄수 있는 집을 사는 것이 더 유리 할 수 있습니다. 당연히 제도적으로 무주택자의 주택 취득 사유로 퇴직금은 중간정산이 가능 합니다.

주거의 안정이 중요한 이유는 설명하지 않아도 잘 아실 것입니다. 특히 투자 측면에서 미래에 취득할 자산을 현재 취득함으로 가격상승을 회피할 수 있어, 분명히 주택 취득을 위한 중간정산은 고려해볼 만한 이슈입니다.

그렇다면 "정산 후 퇴직연금의 미래 공백은 어떻게 할까요?"라는 질문에는 주택연금과 개인연금을 활용하시라는 조언을 드립니다. 주택연금은 고령자가 소유한 주택을 담보로 노후자금을 지급하는 제도로 주거안정과 생활안정을 동시에 노릴 수 있습니다. 최근 적극적 홍보로 가입자가 점점 증가하는 추세입니다. 주택연금은 노후자금을 지급하는 제도로 주거안정과 생활안정을 동시에 노릴 수 있습니다. 심리적인 반감이 생기시는 분도 있을 수 있습니다.

자녀에게 물려 줄 것은 집이 아니라,
부모님의 따뜻한 기억입니다.

✳ 개인연금을 활용하라.

개인연금을 전략적으로 준비할수록 상당히 많은 이점이 있습니다. 가장 먼저 심리적으로 단기에 준비하기 어려운 숙제를 조금씩 한다는 면에서 상당한 만족감을 줍니다.

그리고 세제 혜택을 받는 구조는 재테크 면에서도 상당한 이점이 있습니다. 예로, 연봉 5,500만 원 이하의 근로자의 경우, 700만 원 불입 시 최대 111만 5천 원까지 환급 받을 수 있으니 상당히 매력적인 툴입니다.(2021년 기준) 물론 연금 개시 시에 세금이 있습니다. 하지만 늦게 수령할수록 세율은 줄어들게 됩니다. 간혹 젊은 층에게 연금을 제안 드리면, 개인연금 가입을 꺼려하십니다. 보통은 이런 말씀을 하십니다.

> "저는 대출금을 상환해야 해서 개인연금에
> 가입할 여력이 없습니다."

물론 빚을 갚는 것도 중요합니다. 하지만 빚으로 인한 이자율이 3~4%라면, 세액으로 돌려받는 것은 13.2~16.5%입니다. 700만원으로 빚을 갚으면, 약20~30만원을 절약할 수 있지만. 연금을 넣으면 100만 원 이상 돌려받을 수 있습니다. 좋은 빚과 나쁜 빚 그리고 장기적인 재무전략에서 무엇이 우선인지는 본인이 곰곰히 고민해 보시기를 바랍니다.

은퇴준비는 당신이 가진 빚을 다 갚고 나서 하는 것이 아닙니다. 동시에 해야 합니다. 그리고 일찍 시작할수록 복리의 효과를 잘 이용할 수 있습니다.

4) 자산배분 전략

노후의 부동산과 금융자산은 어떤 비율로 보유해야 할까요?

개인마다 부동산과 금융자산의 선호도는 다릅니다. 우선은 제가 먼저 말씀드린 연금은 대부분 금융자산이라 보시면 되고, 부동산은 보유한 주택과 상가, 월세를 받는 부동산을 통칭합니다.

> 비중은 기대 여명에 따라 조절하는 것이
> 좋다고 생각합니다.

가끔 연로하신 고객님과 상담을 하다 보면, 현금 흐름이 거의 없는 토지와 대형 주택과 같은 자산 보유를 고집하시면도 항상 현금 흐름이 부족하다는 어려움을 토로하십니다. 그래서 저는 노후에 개인 자산이 아무리 크더라도 현금 흐름이 나오지 않는 자산은 되도록이면 피하고, 일부를 현금흐름이 나오는 금융 자산화 시키는 것이 좋다고 제안 드립니다. 많은 자산가의 사망 사례를 지켜본바, 준비되지 않은 갑작스런 자산가의 사망은 사후 가족간 상속 증여문제로 인해 가족간 갈등 문제를 일으키기도 합니다. 자산의 비중 조절은 사후 심각한 결과를 줄이고 노후 생활을 즐겁게 꾸며 줍니다. 정리하면, 은퇴 초기에는 부동산 자산의 비중이 다소 높더라도 적정 시기에는 금융자산이 다소 높은 것이 좋다고 생각합니다.

✳ 국내자산과 해외자산

"은퇴기에도 계속 해외 자산을 권하는 이유가 무엇인가요?"

이 질문에 저는 이렇게 말씀드립니다.

혹시 모를 국가적으로 심각한 상황에 대비하기 위해서입니다."

제 논리는 이렇습니다. 현재 대한민국의 경제는 고성장 이후 저성장 국면입니다. 뉴스에서 국가 채무가 빠른 속도로 늘어나고 있다는 이야기가 자주 나옵니다.

인구 구조 상 국가는 복지와 경기 부양을 위해 돈을 지금 이상으로 많이 지출할 확률이 높습니다. 물론 지금 당장의 문제는 아닙니다. 하지만, 이런 추세가 유지된다면, 국가의 빚은 점점 많아지고 경제가 둔화됩니다. 따라서 국가가 상환능력이 없게 되면, 우리 생활은 위험해질 수 있는 것입니다.

대한민국은 5년 단위로 정권을 교체합니다.

그것은 10년 후의 미래에 대해서 정치권에서는 "어떻게든 되겠지!"라고 생각하며 대응할 확률이 높다는 의미입니다.

표를 얻기 위해서는 표심을 움직여야 합니다. 어쩔 수 없이 정부의 돈을 써야 합니다. 현재의 저금리 시대가 끝나고 전 세계의 금리가 상승하는 상황이 온다면, 빚에 대한 부담감이 예상보다 상당히 커집니다. 금리가 낮은 레벨에서 조금 올라간다고 해서 큰 변화는 아니겠지만, 한국의 글로벌 경쟁력이 좋지 않은 상황에서 신용 위험으로 인해 급한 고금리 상황이 온다면, 국가가 발행한 빚을 갚기 위해 추가 채권 발행이 쉽지 않은 상황이 발생할 수 있습니다.

각종 통계로 보아 현재의 저출산 문제는 구조적으로 대한민국의 경제 상황을 과거와 같이 성장 일변으로 예상키 어려운 상황이 되었습니다. 그로 인한 경제 활동인구 감소는 각종 국내 자산에 대한 위기를 발생시킬 수 있습니다. 국가의 부채를 연장하기 위한 채권 발행이 원활하지 않은 상황이 온다면, 1998년과 2008년의 사례처럼 큰 위기가 도래할 수도 있습니다. 큰 위기에서는 아무리 많은 원화를 가지고 있다고 해도 해외 자산을 전혀 가지고 있지 않다면, 위기 상황에서 제대로 가치를 유지하지 못 할 수 있습니다. 그래서 해외자산(달러 표시 자산)을 보유하는 것은 상당히 중요한 은퇴설계의 전략 중 하나입니다.

＊ 다양한 자산군을 보유하라.

은퇴 설계에서 강조를 드리는 핵심 스토리 중 하나는 다양한 자산으로 설계하자는 것 입니다. 특히 자산과 현금 흐름의 형태가 다양하면 더욱 좋습니다. 자산의 다양함(복잡성)이 커지면, 위기에 대처하기 매우 유리합니다.

포트폴리오의 대상이 될 수 있는 대상은 자가 주거용 주택/3대 연금의 현금 흐름/투자용 부동산(월세 받는 부동산)/배당이 나오는 국내 외 주식과 채권/은행의 비상금/지적재산권이나 사업체 시스템 등입니다. 이들을 촘촘하게 그리고 가능하다면 글로벌 자산도 함께 구성합니다.

상호 보완의 자산소유는 심리적으로 상당한 만족을 부여합니다. 추가 운용 팁을 드리자면. 월급보다 더 자주 수령하는 주급을 받는 디자인으로 마련합니다.

1개월의 필요 생활비가 250만원이라면,
1주차 지급: 월세 받는 부동산에서50만원, 2주차 지급 :
퇴직연금수령(50만원)20년간, 3주차 지급 : 개인연금(50만원)
20년간, 4주차 지급: 국민연금(25일)50~100만원

---

5) 은퇴기의 위험관리 전략

경제발전은 직선으로 우상향하는 것이 아니라. 사이클을 만들며 종국에는 우상향합니다. 항상 경제가 좋지만은 않다는 의미입니다. 1998년, 2008년, 2020년의 위기와 같이 대응이 어려울 정도로 심각하게 경기상황이 나빠지기도 합니다. 위기에는 금융 지능이 더욱 크게 필요합니다. 불황기를 견디기 위해서는 금전적인 계획과 더불어 지식을 높이는 것이 중요합니다.

* 각종 법적인 부분에 대한 완비(부동산 세제 및 증여 상속관련 준비)

평생 잘 쌓아놓은 자산을 한순간에 잘못된 판단 특히 법적인 문제로 인해 골머리를 앓기도 합니다. 법적인 문제에 대해 개인적인 학습은 물론 전문가에게 언제든지 도움을 요청하고 요구할 수 있는 상황을 만들어 갑니다. 은퇴기에도 언제나 경제적, 법적인 문제는 발생 할 수 있다는 것을 기억해야 합니다.

* 건강관리에 신경을 쓴다.

평화로운 노후 혹은 은퇴를 위해서는 아직 아프지 않을 때 혹은 건강이 바탕이 될 때 , 건강관리를 잘 하는 것이 중요합니다. 인생에서 가장 평안해야 할 시기에 건강이 바탕이 되지 못한다면 안타까운 일입니다. 건강을 1번으로 염두에 두시기 바랍니다.

은퇴라면 젊은 분들은 다소 막연하겠지만, 연세가 있으신 분들에게는 현실적인 문제를 한번 다루어 보았습니다. 여러분의 은퇴 설계에 도움이 되길 바랍니다.

핵심요약

은퇴기의 자산전략은 상호 보완적인 자산 매트릭스 전략을 통해 현금흐름을 확보하는 준비를 해나가야 합니다. 그리고 항상 교토삼굴의 고사처럼 향후 발생할수 있는 위험을 관리 제어해 나가야 합니다.

04_ 자유로 향하는 속도를 측정해보세요

◆

당신의 다이아몬드 멘탈을 위해 막연한 돈에 대한 불안감을 줄여드리겠습니다.

우리는 항상 마음속에 돈에 대한 두려움을 가지고 있습니다. 예를 들면 이러한 것들입니다.

갑자기 가난해지면 어떻게 하지?
돈을 더 벌지 못하면 어떻게 하지?

당신만이 아니라 누구나 가지는 당연한 두려움입니다. 이 두려움이 나쁜 것만은 아닙니다. 인류가 지속적으로 번성할 수 있는 원동력 또한 이 '두려움'이 있기에 가능하다고 뇌과학자들은 말합니다. 스트레스 자체는 나쁘지 않지만, 그렇다고 하여 계속

지녀서는 안 됩니다. 저는 이것을 해소할 수 있는 심리적 전략을 제시하여 여러분 마음에 작은 위안을 드리겠습니다. 펜을 하나 꺼내어 글을 따라가면서 계산해 보시면 더욱 좋습니다.

많은 심리 전문가들은 누군가 두려움이 있다면, 그 두려움에 대해서는 종이에 적어보는 것이 좋은 방법이라고 합니다. 스트레스를 바로 바라보고 확인하는 것만으로도 해소에 상당한 도움이 된다는 말입니다.
그리고 자신이 통제 가능한 것과 불가능한 것을 나누어 보면, 두려움과 걱정이 더욱 많이 줄어든다고 합니다.

열심히 뛰어도 제자리를 유지하기 힘든 세상

《거울나라의 앨리스》에서 나오는 붉은 여왕의 가설 이야기를 소개 드립니다.

붉은 여왕 가설이란? 계속해서 발전(진화)하는 경쟁상대에 맞서 끊임없는 노력을 통해 발전(진화) 하지 못하는 존재는 세상에서 결국 도태된다는 가설입니다.

마치 러닝머신에서 내가 열심히 뛰어도 앞으로 전진하기는커녕 지금 현 수준을 유지하기도 힘든 삶을 말하는 것입니다. 생각해 보면 서글픈 우리의 삶의 이야기이기도 합니다.

돈에 대해 몇 가지 생각 해 볼 고민이 있습니다.
"오늘부터 일을 하지 않으면 바로 큰 곤경에 처할까요?"
"나보다 부자인 사람은 과연 나보다 행복한 사람일까요?"
"큰 부자가 되어야 하는 것이 우리가 가져야 하는 삶의 유일한 생각일까요?"

보통 사람들은 나보다 부자인 사람을 크게 두 부류로 분류 할지도 모릅니다.

부자는 나보다 운이 좋은 사람 혹은 자신의
이익만을 추구하는 인색한 사람

이러한 관점은 부는 타인에게 누군가의 노력과 능력이라고 인식되기 어렵다는 의미일 수도 있습니다. 어쩌면 기존의 동료 그룹에게 당신의 성공은 대부분 시기의 대상이 됩니다.

재무 속도계를 이야기해 드리기 전에 스스로 판단해 보아야 할 부분이 있습니다. 반드시 도래할 여러분의 마지막의 순간이 왔을 때 어떤 모습이길 원하시나요?

＊ 부유했지만 돈만 밝히던 이웃으로 기억될 것인가?
＊ 따뜻하고 인생을 즐길 줄 알고 나눌 줄 아는 진짜부자로 기억될 것인가?

얼마의 속도록 달릴지 선택은 본인 문제입니다.

저는 많은분들이 느끼고 있는 막연한 재무적 불안감에 대해 '부를 맹목으로 추구하는 것이 과연 누구를 위한 노력인가?' 라는 물음을 통해 '재무적 속도' 를 생각해 보길 먼저 권해드립니다.

이제 경제적 자유를 위한 속도 측정법을 설명해 드리겠습니다.
여기 긴 러닝머신이 놓여 있습니다.
잠깐 상상해 보겠습니다. 여러분 앞에 공항의 무빙워크 만큼 길이가 긴 러닝머신이 있습니다. 그 러닝머신에서는 걷지 않고 가만히 있으면 뒤로 밀려나게 됩니다. 러닝머신에서 내가 전진하

는 속도는 재산이 플러스(+) 항목, 뒤로 계속 이동하는 속도를
나타내는 것은 재산이 마이너스(−) 항목이라 정해 보겠습니다.

삶에서 우리는 계속 앞으로 나아가려느 욕심이 있으면, 걸어도
되는 구간에서도 무리하게 뛰려고 합니다. 물론 나의 속도가 빠
르면 남들보다 러닝머신의 앞쪽에서 갈 것이고 나의 속도가 느
리거나 (−) 값이라면 러닝머신에서 계속 뒤로 밀릴 것입니다.

플러스와 마이너스 항목을 한번 알아보겠습니다.

(+) 플러스 항목 : 인적자본 소득 + 자산 운용소득 =
앞으로 나아가는 속도

1년에 1,000만 원(세후)을 버는 사람의 속도를 10km라고 하겠
습니다. 그렇다면 1억 원을 벌면? 당연히 100km입니다.
당신이 플러스 항목 요소를 구하려면, 사업소득, 급여 등 인적
자본에서 나오는 소득과 자산에서 나오는 소득을 더해 보면 됩
니다.
이 수치는 연간 단위나 분기 단위로 기입하고 합리적으로 측정

하도록 합니다. 참고로 연말정산을 수행하는 어플리케이션이나 인터넷사이트를 활용하면 쉽게 확인이 가능합니다. 플러스 값의 미래 추정을 위한 고려 사항인 임금상승률과 투자수익률을 합리적으로 예상해 보아야 합니다.

(–) 마이너스 항목 : 고정 생활비 + 변동비(이벤트성) = 뒤로 밀려나는 속도

여러분은 한 달에 고정적으로 얼마를 사용하시는가요? 잘 모르신다고요? 그렇다면 이번 기회에 한번 계산해 보시길 권해드립니다. 비정기적 소비는 자녀 교육비, 결혼 지원금 등 여행을 위한 비용 등등 일상적인 것 이외의 비용을 말합니다. 단, 투자에 지출되는 금액은 마이너스가 아닙니다.

참조 : 통계조사에 의하면(2017년 기준) 3인 가구의 월평균 생활비로 250만 원 가량이라고 합니다. (가구 구성에 따라 다르지만 3인을 예시에서 이용하도록 하겠습니다.)

미래 추정을 위한 고려 사항으로 물가상승률과 가족 이벤트 등에서 대한민국의 합리적 수준으로 예상하되, 미래 자산 급간에 따라 조정 가능 적용이 가능합니다.

예시, 대한민국의 3인 가족의 사례:

(+) 플러스 항목

3인 가구 기준(맞벌이) 세후 가계소득 월 700만 원 자산에서 나오는 연 추가적 소득이 600만 원 있음. 연간 기준으로 9,000만 원의 플리스.

(-) 마이너스 항목

월간 250만 원 소비, 연간 3,000만 원 가량의 소비를 한 후 1,000만 원 가량의 예상하기 어려운 소비를 했다고 하겠습니다.

합계 연간 5,000만 원의 플러스가 나옵니다.

A 씨는 경제적 자유로 50km 속도로 나아가는 상황입니다.

그 속도는 빠른 것일까요? 느린 것일까요?

"혹시 운이 좋아 단련되지 않은 사람이 재무적 속도 1000km를 감내하는 것은 쉬운 일일까요?"

부는 자신의 속도에 맞추어 들어와야 합니다.

복권에 당첨된 사람이 오히려 경제적 어려움에 처하는 것을 가끔 뉴스에서 접하게 됩니다. 부는 그것을 다루는 능력이 있어야 그 돈이 그 사람의 것이 됩니다. 그 능력이 되지 못한다면, 바로 과소비나 잘못된 투자에 빠져 장기적으로 위험해질 수 있습니다. 갑작스러운 큰돈과 큰 행운이 장기적으로는 큰 불행인 것처럼, 서서히 부의 속도계를 올려 나가야 오랫동안 갈 수 있다는 교훈을 우리는 잘 알고 있습니다.

젊은 세대를 위한 은퇴 전략 제안

아직 은퇴 전의 준비기에 있는 젊은 세대라면 이러한 방법이 있습니다.

1. 평생 본인에게 월급처럼 돈을 꾸준히 줄 수 있는 대상 마련을 목표로 할 것(연금, 부동산 등).
2. 자기계발을 통해 본인의 가치 증가에 투자할 것.

은퇴를 준비하는 사람이 상당히 젊다면 시간을 바탕으로 의식적으로 준비해나가는 것이 중요합니다. 아이디어를 이해하셨다면, 이제 당신의 손으로 직접 경제적 자유를 위한 부의 수준을 추산해 보아야 합니다.

당신의 속도는 당신 스스로 정할 수 있습니다.

만약 수년간 상당한 속도로 부의 축적이 진행되어 왔으며, 적절한 투자와 자산 증식으로 사업, 근로소득에서 나오는 소득을 바탕으로 금융자산이 마련되었다면, 합리적 소비습관을 통해 경제적 자유를 얻게 되는 시기를 앞당길 수도 있다는 프레임을 얻게 될 것입니다. 또한 이미 경제적 자유의 수준에 도달 하였다면, 주기적인 점검이 필요할것입니다. 주기적인 속도 점검 행위가, 우리가 살아가면서 자주 일어나는 돈에 대한 막연한 불안감을 해소하는데 큰 도움이 될 것입니다.

핵심요약

자본주의는 재산 증식을 최고의 목표로 살아가게 하는 레이스일지도 모릅니다. 하지만 끝없는 목마름을 채우는 것보다는 적절한 상황판단을 통해 인생에서 중요한 것들을 더 누리는 방향도 괜찮다고 생각합니다.

05_ 경제적 벽을 넘어 자유로

◆

　　　　　물이 임계온도를 넘으면 상태가 변하듯 부(富)도 상태가 변화한다.

생명의 필수 요소인 물은 우주에서 가장 흔한 수소(H) 2개와 산소(O) 1개의 결합으로 이루어집니다.

물은 0~100도 사이에서는 안정적으로 존재하여 액체상태가 됩니다. 지구에서는 흔한 물(H2O)이 우주에서는 액체상태로 존재하는 경우는 그리 흔치 않다고 합니다. 그 이유는 물은 0도 이하에서 고체, 100도 이상에서 기체로 존재할 수 있는 화합물이기 때문입니다.

반드시 0도와 100도라는 구간 안에 존재해야 하며 상태가 안정적이어야 합니다. 물은 '임계온도'라는 것이 중요한 환경이 됩니다. 온도에 따라 완전히 다른 상태로 존재하기 때문입니다.

'경제적 자유를 위한 속도계'에 연장하여 여러분께 전해드립니다.

경제적 자유를 향해 나아갈 수 있는 수준과 지속적으로
가난해지는 수준에 대한 이야기를 드려보고자 합니다.

코로나 팬데믹 이후 우리 사회의 부의 양극화가 심화되는 것은 매우 안타까운 일입니다. 하지만 시간이 지나갈수록 부자는 더 부자가 되고 가난한 사람은 가난해질 수밖에 없는 것이 자본주의의 구조입니다

이 편의 주제인 경제적 임계를 넘기면 더욱 부자가 되고, 넘기지 못하면 현상 유지 혹은 더욱 가난해지는 것은 굉장히 중요한 문제로서 스스로 깊게 생각해 볼만한 주제입니다.

지금 이 순간에도 누군가는 사업소득 혹은 근로소득이 늘어 소득이 높아지고 있고, 편안하게 쉬고 있는 순간에서도 자신이 보유한 부동산 가격이 상승하고 주식 가격이 상승해 부가 늘어나고 있습니다. 이 원리를 매순간 이해하지 못하고 자신에게 적용하지 못한다면 여러분의 미래에서 부는 점점 후퇴 할 수밖에 없을 것입니다.

부의 임계점과 포인트를 인지하는 것이 여러분 부의 임계에 대한 감각을 확인하고 자유로움을 느낄 수 있을 것입니다. 4단계 부의 임계점을 넘어설 때마다 더 많은 재정적 자유가 주어집니다.

경제적 임계점을 4단계로 나누어 말씀드리겠습니다.

경제적 임계점 4단계

1단계. 점점 가난해지고 있는 수준(생활비)소득)

　＊ Point 1. 물가상승률을 넘어서는 투자를 하지 못하고 있다.

　＊ Point 2. 인적자본과 자산 소득 성장이 상당기간 감소 혹은 정체, 후퇴하고 있다.

1단계 판단:

돈을 벌자마자 높은 이율의 빚의 이자를 갚아야 하거나 거의 카드 값으로 소득이 나가는 상황 또는 특별히 투자처를 잘 몰라 안전하게 느껴지는 예금에 장기간 불입하는 상황이라면, 현재 여러분은 1단계에 있을 확률이 높습니다. 장기적 성과를 기대하기 상당히 어렵고, 갑자기 현금이 생기더라도 소비를 하는 등 구조적으로 가난해지는 상황에 있습니다.

솔루션 : 본인의 금융지능에 대한 성찰이 필요합니다.
금융지능이란 금융과 지능을 합친 단어로, 금융 이해력이라고도 표현합니다. 이것은 돈에 대한 현명함을 뜻하기도 합니다. 현명한 투자자는 역사적 자산 가격 상승률에 대한 이해와 위험과 기대값에 대한 지식을 높여야 합니다. 특히 본인 소득이 적더라도 매월 일정 금액을 투자해나가야 합니다. 특히 세제혜택이 있는 자산에 대한 투자가 필요한 단계이며, 부동산 혹은 주거의 안정을 위해 레버리지를 활용한 취득과 운용에 대한 기본학습이 필요합니다. 또한 자기개발에 집중 투자해 저소득의 구간을 탈피해야 합니다.

2단계: 종자돈을 만드는 상황(인적 자본 소득)금융, 부동산 소득 수준)
　＊Point 1. 노동소득 -> 자본소득으로 점점 이전을 준비하는 상황
　＊Point 2. 자산소득이 기본 고정비를 커버할 정도의 수준

2단계 판단:

가계의 연간 기본 생활비용을 자산 소득으로 커버하기 전의 단계라 말할 수 있습니다. 예를 들어, 가계의 고정 소비가 3천만 원이라면 아직 매년 자산가치의 증분이 0~3천만 원 이하의 수준이라고 할 수 있습니다.

인적 자본에서 만들어진 자금을 자산으로 이전하며 종자돈을 만들어 나가야 하는 상황이라고 할 수 있습니다.

솔루션 : 금융지능을 상향시켜야 하며 자산 운용에 대한 통찰력을 가져야 합니다. 이유는 자산 기대 수익률에 따라 본인과 자산간 시너지 효과를 누리기 위해서 입니다.

자본주의에서는 근로소득만으로 큰 부자가 되기는 어렵습니다. 대부분 이 작동원리를 얼마나 잘 간파하고 활용하느냐에 따라 부는 결정됩니다. 예를 들어, 3천만 원이라는 자산 소득을 얻기 위해 자산별로 필요한 자금은 다릅니다. 예금에만 투자하는 경우 세후 2%의 기대 수익률이라면 약 15억의 자금이 필요하며, 증시에 투자하는 경우 연간 기대 수익률이 10%라면 3억의 자금으로도 커버할 수 있기 때문입니다.

무조건 위험자산에 집중투자 하라는 의미가 아니며, 더 열심히 일하는 것이 더 빨리 부자가 된다는 사고에서 탈피해야 하는 단계입니다.

3단계는 안정의 단계 (연간 자산 소득 증분)인적 자본 소득금액)
    ＊ Point 1. 축적한 자본의 가치 증가분이 인적자본을 통한 가치 증가를 초과하기 시작
    ＊ Point 2. 재무적 안정의 단계로 진입했다고 볼 수 있으나, 수동적 소득의 요건이 충족되지 못하면 불안정한 상황

3단계 판단:
노동소득이 아닌 자산소득으로도 충분히 가계의 연간 총 생활비(고정비 + 변동비)를 충당할 정도로 자산이 불어나는 수준, 대체로 사업소득과 근로소득이 자신의 주요 소득원이 아닌 단계

솔루션 : 자산 운용을 토대로 현재의 생활을 유지해도 무방하나, 안정적인 토대를 만들기 위해서는 정기적 현금 흐름의 추가적인 장치 마련이 필요합니다.
다양한 장치, 예를 들어 현금 흐름과 자산 가치의 성장을 동반한 부동산, 배당이 지급되는 주식 등의 포트폴리오 관리 능력이

필요합니다.

4단계는 자유의 단계 (매년 자산증가액의 합이 예상 필요 생활비의 최소 3배 이상의 구간)

  ＊ Point 1. 자유의 단계는 생활비 수준과 자산 기대 수익에 따라 결정됩니다.

예를 들어 필요 생활비가 3천만 원이라고 한다면, 자산증분이 9천만원 이상 증가 하여야 합니다. 자산의 기대 수익률이 2%인 경우 45억이 필요하며, 기대 수익률이 10%인 경우 9억이 필요합니다.

  ＊ Point 2. 미래의 기대 수익과 경제적 변화에 따라 상당한 수준의 관리 운영능력이 필요. 중요한 포인트는 얼마나 쓰느냐(소비)? 그리고 얼마나 효율적으로 운용할 수 있는가(수익률)? 이 두 가지 요소에 의해 자유를 누릴 수 있는가의 여부를 판단할 수 있습니다.

4단계 판단:

재정적 자유로 불릴만한 상황입니다. 개인적으로 자산에서 증가하는 현금 흐름과 자산증식의 속도가 생활의 필요비용의 최소 3배 수준이라고 생각합니다. 연 생활비가 5천만 원인 사람이 자산소득이 매년 1.5억씩 자산이 증가하는 수준이라고 보면 됩니다.

솔루션 : 청년기에 지속적인 자기계발을 통해 장기적인 사업 혹은 근로소득을 얻으며, 지속적으로 금융지능을 높여 합리적인 포트폴리오를 통해 자산소득으로 경제적 자유를 누릴 능력을 갖추어야 합니다. 이 부분을 완전히 마스터하지 못한다면 지속적으로 어려움을 만날 수밖에 없습니다.

정리하면 이렇습니다.

1~4단계의 구분은 인적자본 소득에서
자산 소득으로 얼마나 효율적으로 이전하여 포트폴리오를
운용하는가에 대한 분류입니다.

각 포인트로 경제적 자유를 찾아가는 길에는 합리적 소비 습관은 중요한 요소이며, 금융지능을 지속적으로 높여가는 준비가 필요합니다.

핵심요약

인적 자본소득에서 자산소득으로의 전환은 경제적 안정을 찾아
가는 프로세스입니다. 여러분 스스로 각 단계를 평가해 보면서
재무적 안정성을 판단해 보시기 바랍니다.

06_ 행복을 위한 적정한 부의 수준

◆

우리의 만족은 무한대로 증가하지 않는다.

오랜 친구를 만난 이야기를 해보겠습니다.
어느 날 저는 친구의 식사 초대로 함께 식사를 하게 되었습니다. 오랜만의 만남에 즐거운 대화를 주고받았습니다. 친구는 역시 오래된 친구가 귀한 것 같습니다. 소중한 시간을 오래전에 공유한 부분도 있지만, 오랜 친구는 만들고 싶다고 단번에 만들 수 없기 때문입니다.

어쨌거나 저는 그에게 식사를 대접받고 커피를 한잔 하려고 어느 카페로 함께 갔습니다. 차를 시키는데 친구는 음료를 제일 작은 사이즈를 주문하였습니다. 제가 살 차례여서 그에게 큰 것을 시키라고 해도, 그는 굳이 작은 것을 시키는 것이었습니다.

그는 이렇게 이야기했습니다.

"나는 보통 맛있을 때까지만 마셔, 그래서 작은 사이즈가 좋아"

그는 제가 좋아하는 경제적 개념인 '한계 효용 체감의 법칙'을
생활에서 잘 실천하는
것 같았습니다.

한계효용 체감의 법칙: 아무리 맛있는 음식도 먹을 때 마다
한 단위 당 느끼는 만족도는 줄어들게 된다.

우리의 행복은 계속 어떤 것을 많이 얻는다고 해서 반드시 더
가파르게 상승하지는 않습니다.
처음에는 가파르게 상승하다가 어느 수준부터는 증가세가 조금
씩 둔해지고 극단적으로 효용은 감소하게 됩니다. 이것을 재무
적으로 생각해 본다면, 우리가 최적의 행복수준으로 가질 수 있
다면, 무리하게 더 가지려 애쓰는 것보다 일정 상태를 유지하면
서 살아가는 것이 더 즐거울 수 있습니다.

월급이 100만 원인 사람이 다음달부터 10만원을 더 주겠다고는 말을 들으면, 몹시 기쁠 것입니다. 하지만 월급이 1,000만 원인 사람에게 다음달 10만원을 더 주겠다고 한다면, 그다지 기쁘지 않을 수 있는 것과 같은 이치입니다.

이것을 잘 설명한 책 다치바나 아키라의 《행복의 자본론》에서는 이러한 내용이 나옵니다.
'가구 소득이 연 1.5 억이 넘으면 소득에 대한 한계효용이 제로에 가까워진다. 돈이 되려 행복도를 낮춘다는 사실을 확인할 수 있다.'

돈이 있으면 행복할 수 없다는 뜻이 아니라.
지나치게 돈만 생각하면 불행해진다는 뜻이다.

물론 평균적인 수치이지만, 너무 돈을 추구하는 것이 꼭 행복하지만은 않다는 의미 일 것입니다.

돈의 노예에서 벗어나는 것을 생각해 봅시다.
평생 돈만 생각하기에는 우리 삶은 중요하고 너무나 짧습니다.

죽기 전 "내 평생을 돈의 노예로 살았다."라고 생각된다면, 인생이 너무 아깝다는 느낌이 들지 않을까요? 돈에 대한 갈망을 어느 정도는 제어해 보자는 의미입니다.

저는 "행복한 삶을 위한 투자의 '마인드셋(사고 정립)'에 대해 이야기해 보려합니다.

행복의 자본론에서는 돈을 모으는 것은 즐겁지만, 어느 수준부터는 돈을 모으는 것에 대한 흥미가 줄어들고 무감각해 지는 순간이 온다는 점에 착안해봅니다. 재산의 증가에 대해 무감각해 지는 순간까지만 돈을 모으기 위해 노력한다면, 그 다음부터는 좀 더 자기가 원하는 것을 추구하고 타인과 교류를 통해 행복을 더 느끼기 위한 삶으로 전환할 수 있지 않을까요?

이제부터 이런 시각을 가져 봅시다. 누구나 인정하는 부자가 되는 것을 목표로 삼지 말고, 평생 돈의 노예를 벗어나는 것을 목표로 삼습니다.

그 첫 출발로서 어느 정도 자금을 준비해야 돈의 노예에서 벗어날 수 있느냐 문제는 자신이 스스로 설정할 수 있습니다.

재무 목표 설정에 대한 두 가지 기준을 제시하겠습니다.

1.목표 금액 기준 – '00억'을 모으면
나는 크게 노력하여 모으려 하지 않을 것이다.

2.목표 현금 흐름 기준 – 매달 "000만 원"이 나에게 지급 된다면,
나는 더 이상 돈에 구애 받지 않을 것이다.

현금 10억을 모으는 것보다 현금 흐름 기준 월 300만 원은 되려
현실적일 수 있습니다.

이 편에서 전해 드리려는 개념이 현금 흐름 기준의 목표라는 것
을 느끼실 수 있을 것입니다. 내가 달성하고 싶은 금액의 목표
를 세우는 이유도 현금 흐름을 위한 밑 작업이기 때문입니다.
아무리 많은 자산을 가지고 있더라도 필요할 때 사용 할 수 없
으면, 진짜 만족은 감소됩니다. 실제로 개인의 거주와 자녀교
육, 혼인문제가 어느 정도 해결되고 현금 10억을 모으면 또는
매월 300만원이 내손에 들어온다면…, 이런 것을 생각해보는

것입니다. 실제로 현금 10억을 모으는 것은 힘든 일일지도 모릅니다. 하지만 장기적 목표 현금 흐름이 월 300만 원이라면 현실적일 수도 있습니다.

행복에 이르는 길은 가진 것을 늘리기보다 욕망을 줄이는 데에 핵심이 있을지 모른다.

'최대 행복을 위한 부의 수준'에 대한 좋은 구절이 있습니다. 경제학자 폴 새뮤얼슨은 경제학사에서 큰 위대한 업적을 많이 남겼습니다. 그는 행복에 대해 다음과 같은 공식을 제시했습니다.

행복= 가진 것/욕망

행복은 가진 것을 늘리는 일을 하거나 욕망을 줄이는 것

욕망을 줄이는 것이 말처럼 쉽지는 않습니다. 현대 사회에서는 어쩌면 욕망을 줄이는 것이 더 어렵습니다. 일어나서 잠들 때까지 수많은 유혹들이 TV나 스마트폰 그리고 길거리에서 사람의 마음을 흔들고 있기 때문입니다. 혹시 재무 전략으로 돈 문제를 해결하면 정말로 재정적으로 행복할 수 있을까요? 진짜 문제는 금융자산의 부족, 금융지능의 부족이 아닐 수도 있습니다.

은퇴의 불안을 줄이려면 통장잔고를 늘리는 것이 아니라, 사고의 밀도를 올리는 게 중요하다는 말과 통합니다.

타인과의 비교에서 불행은 커진다.

진짜 마인드셋은 이것부터입니다.

욕망을 불러일으키는 타인과 비교하는
마음 줄이기를 해보자.

한 조사에서 한국은 OECD 36개국 중 물질적, 사회적 기반에 대한 행복지수는 23위로 기록했습니다. 반면 OECD 36개국 중 물질적, 사회적 격차에 관한 분야에서는 30위로 기록하였습니다. 절대적, 물질적 기반보다 상대적 행복지수가 최하위권으로 나온 것을 확인할 수 있습니다. 부유한 국가에서 많은 사람들이

행복하지 않은 것은 기본적인 생존의 조건이 충족이 되지 않아서가 아니라, 빈부의 격차가 크다는 인식 때문 일 수 있습니다.

끝없는 부의 추구는 종착지가 없다.

이 주제에 대해 깊은 고민을 해본 사회학자가 있습니다. 그의 이름은 소스타인 베블런입니다. 그는 자신의 저서 《유한 계급론》에서는 이러한 말을 합니다.

'부를 추구하는 욕망, 즉 재산 축적의 경쟁은 본질적으로 타인과의 비교에 근거하여 평판을 얻으려는 것이므로 최종의 도달점은 없을 수 있다.'

인간의 사회적 동물로서 잠재된 본능은 타인과의 비교를 통해 자신을 자주 평가합니다. 베블런은 이렇게 말합니다. 우리는 불행하지 않기 위해 불필요한 소비를 합니다. 바로 '과시적 소비' 입니다.

부자가 됨으로서 존경을 받는 현대 사회의 분위기는
진짜 부자가 아닌데도 부자처럼 보이기 위해 너무 나도 많은
과시적 소비를 하고 만족을 찾습니다.

반면, 진짜 부자인 사람은 자신이 더 부유하게 보이도록 자신이 부자가 된 느낌을 가지기 위해 불필요한 소비를 할 필요를 느끼지 않습니다. 그래서 마음의 부자가 되어야 합니다. 우리는 어떻게 해야 욕망을 컨트롤 할 수 있을까요?

다이아몬드 같은 단단한 마음의 힘을 길러야 합니다.

나보다 조금이라도 잘나 보이는 사람과 관계를 끊고 단절해야 할까요? 그래서는 진정한 행복을 느낄 수 없습니다. 그럼 무한의 욕망을 위한 돈벌이를 해야 할까요? 그것은 최악의 방법입니다. 어쩌면 이러한 불편함은 종교나 철학에서 해결의 실마리를 찾을 수 있다고 생각합니다.

'십일조' 또는 '기부' '하심' 혹은 '내려놓음' 등의 단어입니다. 각자 부에 대해서도 좀 더 주관적인 의견을 가질 필요가 있습니다. 부의 극단적 양극화 시대에서는 멘탈이 더 단단해져야 합니다.

그것이 자본의 사회에서 영원히 갖지 못할 것 같은 행복으로 가는 길입니다. 혹시 누군가 당신을 평가했을 때, 돈만 밝히는 사람으로 기억될 것인지 아니면 돈보다 따뜻하게 살아간 사람으로 기억될지는 각자의 몫입니다. 여러분의 손에 달려 있습니다. 우리 더욱 행복에 힘을 기울여 봅시다.

한계효용 체감의 법칙을 이해하면 우리가 과도하게 부를 추구하는 것이 되려 행복에 부정적일 수 있다는 의미를 도출합니다. 나누고 더 베풀면 더 행복할 수 있습니다.

부자가 되는 방법을 알고 있다면, 스트레스가 적을 것입니다.
왜냐하면, 마음만 먹으면
부는 언제든 얻을수 있는 수준에 도달했기 때문입니다.

PART
04

부자되는 법으로

멘탈잡기

01_ 생각으로 돈을 벌기

◆

당신이 부자일수록 단단한 멘탈을 가질 확률이 높습니다. 부자가 되어 왠만한 조정에서는 내 자산이 흔들리지 않도록 합시다. 이번 장에서는 부자가 되어 보는 방법을 이야기해 보겠습니다.

먼저 투자로 성과를 내는 투자대상을 찾는 아이디어에 대해 이야기해 봅니다.

좋은 투자 대상은 어떤 대상을 말하는 것일까요?

결론부터 말씀 드리자면, 저는 긍정적인 상상을 지속적으로 불러일으키는 기업이 좋은 투자 대상이라고 생각합니다. 저도 현장에서 고객님들의 포트폴리오를 관리하고 제안해 드리는 동시

에 개인 투자자로서 정말로 좋은 투자 대상을 찾는 것은 항상 어렵고도 중요한 일입니다 이 어렵고도 중요한 주제를 우리 인류가 가지고 있는 본성의 측면에서 접근해 보았습니다.

역사학자 유발 하라리(Yuval Harari)는 그의 저서 《사피엔스》에서 인간과 동물의 차이에 대해서 이렇게 설명합니다.

인간과 동물이 다른 것은 인간은 장기적인
미래를 상상할 수 있고 그것을 협력으로 이끄는 관념을
만들 수 있다는 측면입니다.

물론 인간뿐만 아니라 동물들도 짧지만 예상이라는 것을 합니다. 예를 들면, 동물에게 먹이가 가득 담긴 버튼을 우연히 눌렀을 때, 먹이가 나오는 구조를 만들어주면, 그들 중 똑똑한 개체들은 의식적으로 먹이를 얻기 위해 계속해서 버튼을 누르는 시도를 할 것입니다.

유명한 '파블로프의 개 실험' 처럼 동물들도 어떤 본능적인 대응 혹은 단순한 예상은 할 수 있습니다. 하지만 인간이 동물과 다른 것은 장기적인 미래에 대해 사고를 이어갈 수 있고, 그것을 수많은 사람과 공유하고 엄청난 숫자가 협력을 한다는데 있는 것입니다. 원숭이나 벌들도 무리 생활을 하고 공동목표를 추구하긴 하지만 그것들은 낮은 차원이며 본능적입니다. 동물들이 인간처럼 국가를 건설하고 사후의 세계를 이야기하고 문,화 종교 등의 추상화된 공통된 믿음을 만들어낼 수는 없을 것입니다. 특히 공통의 화폐를 구상해 경제와 기업에 대한 합의는 이루어내지는 못할 깃입니다.

인류만이 가진 이 특별한 능력인
미래를 상상하는 특질이 좋은 투자 대상을 이해하는
메커니즘과 맞닿아있다고 생각합니다.

투자 대상은 긍정적인 상상력을 지속적으로 불러일으켜야 합니다. 당연히 터무니없는 상상력이 아닙니다. 실현가능성과 공감적 열망이 함께 어우러진 상상을 해야 합니다. 그리고 이 내용에 대해 많은 타인과 함께 공감할 수 있어야 합니다.

특정 투자 대상을 매수를 한다는 것은 향후 더 비싼 가격에 매도할 수 있으며, 그것을 다른 사람이 원한다는 가정 하에 투자한다는 근본에 공감된 긍정적 상상력이 자리 잡습니다. 현재처럼 유동성이 풍부한 시기에는 이러한 개념을 잘 이해하는 것이 너무나 중요합니다.

현대사회에서는 투자할 곳도 많고 투자에 접근하기도 쉬우며, 방대한 자본들이 빠른 시간에 이동하기 때문입니다.

이렇게 생각해보면 어떨까요?

시장에 돈이 많고 긍정적 상상력이 많으면 시장은 지속적으로 강할 수밖에 없습니다. 반대로 시장에 자금이 없고 부정적 상상력이 더 많으면 강하게 하락합니다. 대표적이면서도 좋은 예가 현재 글로벌시장에서 가장 크고 빠른 성과를 내고 있는 '테슬라'를 들 수 있습니다. 세계 최고의 부자 대열에 들어선 일론 머스크는 순식간에 자신이 가진 상상력과 차원이 다른 혁신적인 생각을 돈으로 바꾸고 있습니다.

그가 제시하는 키워드인 자율주행, 전기차 시대, 에너지관리 등이 불러일으키는 상상력은 당장 보여주는 매출, 순이익의 수준을 넘어서는 파괴력을 보여 줍니다. 그는 돈의 힘이 아니라 열정과 기술로써 경쟁자들보다 수년 이상 앞서 가고 있으며, 남들이 감히 시도하지 못하는 혁신을 선두에서 만들어가고 있습니다.

고전적인 지표인 PER(주가 순이익 비율)/PBR(주가 순자산 비율) 과거 지향의 재무지표의 유용성이 낮아지는 것이 당연해지는 시대입니다. 훌륭한 상상력은 단기간에 큰돈으로 변화하게 됩니다. 시대적으로 세계에서 훌륭한 기업은 한정적이지만, 돈은 상당히 풍족한 시기이기 때문입니다.

상상력이 가장 강력한 부의 무기가 된 시대

과거 시장 조정기에는 재무적 안정이 뛰어난 기업을 선택하는 것이 답이 되는 경우가 많았지만, 미래에는 그 양상이 크게 다를 것이라고 생각합니다. 왜냐하면, 미래사회는 고전적 생산 3요소라 불리는 토지, 노동, 자본이 아닌, 정보 그리고 아이디어가 부를 이전시키는 4차 산업혁명시대를 관통하고 있기 때문입니다. 지금은 전 세계가 동시다발적으로 움직이며, 변화 속도가 너무나 빠르고 상상력을 현실화하는 것이 가능한 시대가 되었기 때문입니다.

물론 실체가 없는 상상력은 당연히 경계해야 할 것입니다. 상상력만으로 가득한 기업들은 시간이 지나면서 수많은 시행착오를 겪을 것이며 때로는 사라질 것입니다. 하지만 분명한 것은 좋은 투자 대상을 찾는 데에는 갈수록 상상력의 중요도가 커진다는 것입니다.

> 저는 합리적인 상상력과 용기가 좋은 투자를
> 이끄는 힘이라고 생각합니다.

정리하면, 인간의 상상력은 자본주의를 지탱하고 현대의 경제 체제를 운영하는 기본 원리라고 할 수 있습니다. 왜냐하면 우리가 보는 자연적인 것을 제외하고는 거의 대부분이 누군가의 상상력에서 시작되었기 때문입니다. 생각으로 생산자가 될 수 있고 생각을 파는 것이 돈이 되는 시대입니다.

우리는 다른 사람의 생각에 투자할 수 있는 시대에 살고 있습니다. 언제든 돈은 여러분을 찾아 갑니다. 강한 멘탈을 가지시기 바랍니다. 기회는 어디에든 있습니다.

핵심요약

현대는 돈으로 돈을 버는 것이 아니라, 상상력과 실행력이 돈이 된다는 사실을 기억하시기 바랍니다. 여러분의 상상력과 통찰력을 응원합니다.

02_ 정보가 돈이 된다

◆

　　상상력은 돈이 된다는 것을 이해하였다면, 이제 정보가 돈이 될 수 있다는 것에 대해 설명해 드리겠습니다.

날씨로 예를 들어보겠습니다. 9월에는 아침저녁으로 선선하다는 정보가 있습니다. 이 정보를 어느 정도 이해하는 것만으로도 건강을 유지하는 데에 도움이 될 수 있습니다. 만일 오늘 저녁에 비가 온다는 정보를 오전에 알고 있다면, 갑작스러운 비를 피하는 데에 도움이 될 수 있습니다. 새로 입수한 정확한 정보는 분명히 나에게 직간접적인 이득이 있습니다.

이와 반대로 예상과 다르게 추운 날씨가 아니라 따뜻한 날씨라면 너무 더운 옷을 준비해서 더울 수 있고, 비가 오지 않는데 우산을 챙기면, 손해를 볼 수도 있습니다.

이 간단한 예로 정보가 있으면 유용하다는 느낌은 와 닿으실 것입니다.

2진법은 단순함으로 효율적 정보 전달의 매개가 되었다

정보의 정의에 대해 먼저 이야기 해 보겠습니다. 정보의 속성에 대해 이해하기 위해서 '클로드 섀넌' 이라는 사람이 펼친 논리를 소개해 드립니다.

섀넌은 미국의 응용수학자이자 컴퓨터 과학자로 디지털의 아버지라고 일컬어십니다. 그는 최초로 0과 1의 2진법 즉 비트(bit)를 통해 문자는 물론 소리 이미지 등의 정보를 전달하는 방법을 고안하였습니다.

만일 그의 통찰력 있는 발상이 없었다면, 지금과 같이 편안하게 인터넷과 스마트폰을 이용하기 어려웠을 것입니다. 많은 사람들이 정보에 대해 이야기하지만 제대로 말할 수 있는 사람은 적습니다. 그는 정보를 이렇게 표현합니다.

> "불확실성을 줄이는 가능한 경우의 수에서
> 하나를 선택하는 것"

이는 어떤 것을 선택할 때마다 선택될 수도 있었지만, 배제된 것들이 정보를 만들고 선택된 것은 정보가 된다고도 표현할 수 있습니다.

수많은 숫자 중 많은 것들 중 의미를 가지는 것이 정보이다.

정보란 많은 것들 중 의미 있는 것 정도로 정리할 수 있습니다. 현대는 셀 수 없을 정도로 많은 정보가 실시간으로 생성되고 있습니다.

> 많은 정보들 중에 의미 있는 것을
> 찾는 것이 중요합니다.

영국의 멜빈 봅슨(Melvin Vopson) 교수는 향후 150~ 350년 사이 지구상의 디지털 비트(정보의 최소 단위)의 수가 지구상의 원자의 수를 넘어설 것이라고 했습니다. 이 말은 우리 예상보다 미래의 디지털화 된 정보의 수가 크게 증가한다는 뜻이 됩니다. 실제로 지난 2년 사이에 인류가 만들어낸 정보의 양은 인류의 문명이 시작된 이후 수천 년간 만들어낸 정보 양의 9배나 된다고 합니다. 이는 과거 인류 유산이라 여겨지는 것들의 가치가 급격히 떨어진다는 의미일 수도 있습니다. 마치 주식 수를 늘리면 1주의 가치가 희석 되는것과 같은 느낌으로 여겨집니다.

정보량이 많을수록 불확실성은 높다. 그곳에 기회가 있다.

클로드 섀넌은 정보를 우리가 극복하는 불확실성이라는 개념으로 설명하였습니다. 그것이 뜻하는 것은 정보는 확률적으로 접근해야 한다는 의미를 내포하고 있다고 생각합니다.

정보에 대한 기본 개념에 대해 한번 생각해보겠습니다.
'불확실성이 높아질수록 정보량이 많다.' 는 말을 뒤집어 보면 이렇게 됩니다.

정보량이 많을수록 불확실성이 높다.

현대 금융에서는 불확실성은 보통 위험으로 표현이 됩니다. 이 말의 의미는 불확실성을 내포한 많은 정보에 수익의 기회가 있다는 의미가 될 수 있습니다. 이는 위험 = 기회라는 맥락의 의미가 '정보' 라는 개념을 통해 맥락이 맞아 들어가는 것입니다.

미래 정보의 폭발적 증가는 수익의 기회와 위험도 더욱 크다는 뜻입니다.

생각해 보면, 과거 사회에는 정보가 그다지 많지 않았고 가치 있는 것 또한 그다지 널리 알려지지 않았습니다. 그로 인해 재화의 가격이 반영되기에는 상당한 시간이 걸릴 수밖에 없었습니다. 하지만 현재는 정보 통신과 금융의 발달로 순식간에 부의 지도는 달라지게 됩니다.

> 정보 중 수익이 되는 확률을 잘 체크한다면, 그것이 바로 부를 만들 수 있다는 결과를 도출하게 됩니다.

이제 정보가 돈이 되는 것에 대한 핵심 키워드를 소개해 드리고, 그 포인트와 연결 지어 몇 가지 예시를 다루어 볼 것입니다.

정보의 핵심 키워드

- 정보의 생성과 추가적 발생 가능성
- 공표된 정보의 미래 실현 가능성

- 정보 투자를 할 만한 대상의 토대
- 정보의 시간의 가치
- 기간 할인율(요구 수익률)

키워드를 하나씩 설명해 드리는 것보다는 정보가 돈이 되는 것들에 대해 설명해보겠습니다.

디루어 볼 정보에 대한 이해를 3가지로 나누어 보겠습니다.

* 기업의 경영정보와 투자
* 전문가의 정보를 판단 해보기
* 빅 트렌드 정보
* 기업의 경영 정보: 기업의 혁신적 기술 혹은 운영에 대한 새로운 정보가 출현한 경우

기업 운영 과정 중에 새로운 호재가 발생했을 경우, 호재라고 생각해서 투자하는 것은 좋지 않은 판단입니다.
우선 이 이벤트의 미래 실현가능성과 기업의 실제 역량 그리고 추가적인 이벤트의 발생 가능성에 대해 다각적으로 검토해보아

야 합니다. 물론 이것을 평가하기 위해서는 합리적인 근거와 유연한 상상력 그리고 기업의 미래에 대한 다각적이고 깊은 이해가 필요하게 됩니다. 또한 새로운 정보가 5년 후의 예상 이벤트라고 한다면, 현재 주가에서 그다지 높은 평가를 받기 힘이 들 것입니다. 하지만 1년 후의 정보라면 상황은 다를 것입니다. 만일 합리적으로 추산 가능한 수요 데이터를 바탕으로 생산량이 5배 늘어나고 그 기업의 매출액이 5배가량 늘어날 것이라면, 그 기업의 주가는 순식간에 큰 변화를 가져오게 될 것입니다. 또 합리적 판단에 따른 연간 요구수익률에 의해 10년으로 할인할 것인가? 1년으로 할인할 것인가? 등의 냉철한 평가로 순차적으로 정보는 주가에 반영이 될 것으로 상상하게 됩니다.

물론 결국에는 시간이 흐르고, 순차적으로 정보는 기업의 변화는 주가에 반영 될 것입니다.

전문가의 판단정보: 애널리스트 자료와 주가 반영에 대하여

애널리스트라는 직업을 가진 사람들은 주식시장에서 기업의 가치와 실적에 대해 자신의 논리로 주식 가격 변동의 기대치를 시장에 공급을 합니다.

그러나 전문가 그룹이지만, 그들도 주가는 맞히지 못합니다.

시장에서 그들에게 기대하는 것은 수많은 기업에 대한 기대와 악재에 대해서 적정 주가를 제시하는 역할로 정보 제공자로서 존재의 의의가 있을 뿐입니다.

그들은 새로운 정보를 빠르고 세련되게 작성하여 일반, 기관 투자자들에게 제시합니다. 또 정보를 가공, 재생산합니다. 보통 실적 발표 전까지 '컨센서스'라고 부르는 애널리스트들의 예상 실적치가 제시가 됩니다(애널리스트의 의견의 평균값 정도가 됩니다).

그 실적 컨센서스 자료는 기업평가의 잣대가 되기도 합니다. 실적 기대가 합당한 수준이라면 기업은 순항하고 있다는 것을 확인할 수 있어 긍정적인 주가의 흐름을 보일 때가 많고, 괴리가 큰 경우에는 주가가 하락하기도 합니다.

유념해야 할 것은 애널리스트가 분석적 툴을 가지고 투자에 접근하지만, 그들도 한 사람의 시장 구성원 또는 시장 조성자일 뿐이라는 점입니다.

그들의 정보를 이용하여 향후 주가의 흐름과 팩트가 시장에 합리적으로 반영되고 있는지를 판단하는 것은 투자자 역량에 달려 있습니다. 물론 정보를 판단하는 능력은 그 정보가 맞는지 아닌지 보다 시장에서 어떻게 작용하리라 생각하는지 특히 다른 투자자들의 생각을 읽는 것이 더 중요하다고 생각합니다.

빅 트렌드 정보: 사회 경제적 변화에 따른 시세의 변화에 대하여

세상의 변화에 관련된 정보는 매우 유용한 투자 대상입니다. 뉴스에서는 매일 사회적 변화에 대해 이야기합니다. 그것이 일관되게 반복된다면, 큰 시대적 흐름(트렌드)이라고 할 수 있습니다. 이것은 기업 내부의 역량 이상으로 중요한 부분입니다. 거의 대부분의 부는 '빅 트렌드'를 잘 읽는 것에서 비롯된다고 할 수 있습니다. 물론 생각에 그치지 않고 거기에 동참하는 것이 더 중요합니다.

예를 들어,

"전기차의 시대가 곧 열릴 것이다."

"AI는 로봇과 함께 제조업의 미래를 바꿀 것이다."

이러한 정보들이 미래의 세상을 어떻게 바뀌게 할 것인가?

이런 질문을 통해 다양한 매체에서 나오는 사실들을 조합하고 가능성을 보면서 합리적 상상을 통해 이러한 트렌드에서 수혜를 받을 대상을 찾는 것입니다. 당연히 다양한 의견이 대부분 내가 원하는 당장 상상대로 이루어지지는 않습니다.

시간이 필요합니다.

시간 속에서 우리가 할 수 있는 일은 사회의 큰 변화를 주기적으로 모니터링하며, 그것이 실제로 이루어지고 있는지를 확인해 나가는 일입니다. 그리고 때때로 현상을 담담히 검증해 나가야 합니다. 그 행위를 게을리 한다면, 흐름에 동참할 수가 없습니다.

정보가 현실(돈)로 다가오는 것을 상상해 보겠습니다.

저 멀리서 세상의 변화라는 거대한 기차가
출발합니다. 기차가 달리는 도중 자주 경로를 변경하며
목적지로 향해 갑니다.
그 기차에 가장 안전한 앞자리에 올라탄 기업과
개인은 큰 부를 가지게 될 것입니다.

정리하면, 투자 대상에 대한 정보는 발생하는 순간부터 현재로 할인되어 주가에 빠른 속도로 반영됩니다.

악재는 시간이 가까운 시기일수록, 불확실할수록 더 빠른 작용이 일어납니다. 반면에 호재는 서서히 확인되면서 길게 반영됩니다. 물론 내가 알고 있는 정보를 남들이 모른다고 생각해서도 안 됩니다. 남들이 아는 정보가 모두 사실이라고 생각해서도 안 됩니다.

정보는 분명히 돈이 됩니다. 하지만 많은 정보가 아니라 그것을 해석하고 상상하는 투자자의 기량을 통해 돈으로 변화합니다. 우리 투자자가 할 일은 정보에 대해 옳은 관점을 가지고 그것을 업그레이드 하는 것입니다.

핵심요약

정보는 반드시 돈이 된다. 정보의 성질을 잘 이해하고 잘 활용하는 것은 높은 확률 기반의 문제이다. 양보다는 질을 이해하는 노력을 해야 한다.

03 _ 흑자 인생을 만드는 방법

◆

대한민국의 미래는 어떻게 될까요?

인생 전체에서 부의 총량이 흑자인 인생은 어쩌면 최소한의 경제활동의 목표라고 할 수 있습니다. 본편에서는 삶 전반의 재무적 흑자를 달성하는 방법에 대해 이야기 해보겠습니다.

향후의 대한민국의 미래는 어떤 모습으로 변화할까요? 인구학적으로 본다면, 아마도 미래에는 현재보다 생산가능 인구가 확연히 줄어들고, 부양해야 할 노령인구는 크게 증가할 것입니다. 이 흐름은 전문가의 의견을 빌리지 않아도 모두가 미디어를 통해 알고 있으며, 다가올 미래이지만 인정하고 싶지 않은 미래입니다.

현재 20~30대가 60대가 된 시점에는 어쩌면 지금의 방식으로는 국가의 주요 사회보장기능이 제대로 수행되지 못한다는 전망도 가능합니다. 그렇다면 재무적으로 스스로의 좀 더 자신의 생활에 대해 준비해야 할 필요를 느끼게 됩니다.

저는 우리 삶에서 맞닥뜨리게 될 생애재무를 흑자의 관점으로 말씀드리려 합니다.

노벨상 수상자 프랑코 모딜리아니(Franco Modigliani)의 '라이프사이클 가설'은 현대 재무이론의 출발점이라고 일컬어집니다. 이 가설의 중심은 이러합니다.

한 개인의 소비는 전 생애에 걸쳐
일정하거나 서서히 증가하지만, 소득은 중년기에
가장 높고 유년기와 노년기에는 낮다.

저는 과거 보험 인턴십에서 라이프사이클 가설을 그리는 법을 배운 적이 있습니다. 가설을 그리는 방법은 현재에 물가를 고정시키고 현재의 필요금액을 산정 한 후, 향후 근로 기간을 임금

인상률에 따라 시간을 미래로 그려봅니다. 필요금액에는 자녀 학비, 결혼, 본인 노후와 간병비 등을 추가해 보고, 생애 필요자금이 소득보다 상당히 많다는 것을 확인하는 그래프를 그릴 수 있습니다. 고소득자 또는 맞벌이를 제외하고는 거의 대부분 적자 인생이 그려집니다.

당 로직을 시기에 따라 좀 더 말씀드려 보겠습니다.

우리는 유아기에서 대학졸업 후 취업 전까지 부모님께 도움을 받습니다. 물론 20살 이후 재정적 독립을 하는 기특한 자녀도 있습니다. 하지만 대략적으로 스스로의 힘으로는 영위하기 어려워 부모 혹은 사회의 도움을 받습니다. 그리고 나서 개인은 통상 20대 중 후반이 되면 본격적인 경제 활동을 시작합니다. 남성 기준으로는 25세에서 30대 초반에 시작을 하게 됩니다. 그리고 50대 초반에서 60대 정도까지 소득을 만들어 냅니다. 인적자본을 통한 경제활동을 뜻합니다.

평균적으로 82세 정도를 기대 수명이라고 평가합니다. 은퇴 후에는 대체로 모아둔 자금이나 쌓아둔 자본의 현금 흐름으로 생활을 합니다. 물론 국민연금과 사적 연금을 잘 모아두시면 편합니다. 통상 유년기와 노년기의 소득보다 소비가 많은 시기를 '적자시기'라고 칭합니다. 최근 생애수입의 흑자기(20~50대)와 적자기(0~10대, 60~80대)에 대한 이야기를 바탕으로, 대한민국의 국민은 인생 전체가 적자인생이라는 키워드가 자주 신문에 등장합니다.

다음은 국민의 생애 사이클의 수입과 지출의 결산을 말합니다.

"2020년대 초를 기준으로 대한민국 국민은 평균 1인당 평생 11억을 벌고 16억을 쓰게 됩니다. 5억의 적자인생을 살아가는데 부족분은 정부가 보조하거나 상속 증여로 충당이 된다는 의미입니다."

이러한 통계는 개인마다 준비의 필요성을 이야기 합니다.

적자 인생으로 살아가는 것이 부끄러운 일은 아니지만,
누구나 절대로 바라는 바는 아닐 것입니다.

여러분이 적자를 피하실수 있도록 다양한 방법을 이야기해 드리겠습니다. 핵심을 정리해 보면 다음과 같습니다.

더 벌고, 잘 쓰고, 잘 불리고, 잘 간수하는 것입니다.

흑자 인생을 위한 전략

1) 개인의 소득을 올린다.

• 생애 소득기간에서 현역을 오래 유지한다.

• 소득이 높은 시기를 최대한 오랫동안 유지한다.

• 사업화 등을 통해 시스템을 만든다.

2) 투자를 통해 부족분을 보충한다.

• 부동산, 주식 등의 자산 투자를 통해 금융자본으로 부족분을 보충한다.

3) 소비를 관리한다.

• 적절한 소비 습관은 너무나 중요합니다. 그 습관을 바탕으로 소비 후 남는 자금을 투자로 이전해야하기 때문입니다. 이 흐름을 관리하는 것은 빨리 시작할수록 좋습니다. 물론 쉬운일은 아니지만 위와 같은 지출 관리를 통해 흑자인생으로 살아가는 분

들도 상당히 많이 계십니다.

최근 잘못된 판단으로 각종 '푸어(poor)'에 처하는 경우를 많이 보았습니다. 이는 합리적 소비에 대한 판단력이 약하기 때문에 벌어지는 일입니다. 합리적 소비습관 형성은 가정에서 교육을 시작하면 좋습니다. 제가 말씀드리는 대부분의 실행 전략은 조기 금융 교육을 통해 만들 수 있는 것들입니다. 훌륭한 결과를 얻기 위해서는 어릴적 부터 돈관리 시스템에 대한 이해와 소비의 방법에 대해 교육을 부모님께서 해줄 필요가 있습니다.

4)자기개발로 인적자산을 강화한다.

평생에 걸쳐 꾸준한 자기계발을 통해 인적 자본을 높이도록 노력해야 합니다. 학창시절 고학력자라도 절대로 학창시절의 공부로 학습노력을 게을리해서는 안 됩니다. 인적자본 또한 가치가 변화가 상당히 큽니다. 누구나 평생학습의 사명을 가지고 좀 더 노력해야 합니다.

5)일찍 시작하고 장기적으로 투자한다.

시간은 금리보다 더욱 힘이 세다는 말을 저는 좋아하고 자주 전해드립니다. 적절한 시스템으로 빠르게 시작하고 장기적으로 투자하는 것은 매우 중요합니다. 그리고 운이 나쁘지 않다면, 적자의 대부분은 투자로 커버할 수 있다는 것을 꼭 기억해야 합니다. 조기 경제 교육이 중요한 것도 이와 같은 맥락입니다. 아이들에게 단순히 돈을 모아서 은행에 입금해 보관하게 하는 것이 아니라, 인적 자본과 금융자본, 합리적 소비와 투자 등을 이해시키고 직간접적인 활동과 토론을 통한 교육이 필요합니다. 부모도 잘 이해하지 못한다면, 책의 힘이나 저 같은 사람의 도움이 필요합니다.

흑자인생 이야기를 마무리 하겠습니다.

완전한 흑자인생은 누구나 가질 수 있는 길은 아닙니다.
하지만 우리 삶에서 충분히 이룰 수 있는 것입니다.

이 책을 읽는 여러분들처럼 귀한 정보를 얻기 위해 항상 노력하시고 성장하려는 마인드를 가지고 투자를 지속한다면 너무 크게 걱정하지 않으셔도 좋습니다. 더불어 우리가 해야 할 것은 자본주의에 대한 깊은 이해입니다. 누가, 어떻게 우리가 살아가고 있는 세상을 좌우하고 있는지에 대한 고민을 한다면, 흑자의

삶은 충분히 가능한 미션이라고 생각합니다. 여러분의 흑자인

생을 응원합니다.

핵심요약

'미래에 누군가가 어떻게든 나를 도와주겠지' 라는 안일한 생각
을 버려야한다. 스스로 흑자인생을 만들어가는 것은 인생의 당연
한 숙제입니다. 돈을 더 벌 것을 생각하고, 소비를 관리하고 일찍
투자해보시기 바랍니다. 흑자인생은 충분히 가능한 목표입니다.

04_ 탈출에 필요한 시간

◆

당신은 세계를 어떻게 이해하시나요?

투자하고 돈을 버는 것을 즐거운 게임이라고 생각하십니까?

내가 살고 있는 세계를 게임처럼 생각해 보는 것은 상당히 매력적인 주제가 됩니다. 제가 생각하는 부의 게임에 대한 이야기를 전해 드리겠습니다.

구덩이 탈출 게임

시작점과 결승점이 있는 넓은 벌판이 눈앞에 펼쳐져 있습니다. 끝없이 넓게 펼쳐진 들판에 각 1m 가량 깊이에 제각기 다른 모양을 한 구덩이가 수없이 많이 있습니다.

그 구덩이들을 잘 살펴보면, 시작점 근처의 입구는 상당히 넓고 결승점 근처의 입구는 상당히 좁습니다. 결승점에 가까울수록 그 내부를 들여다보기 어렵습니다.

시작점과 가까이에 있는 구덩이는 넓이가 작아 보이지만, 멀리 있을수록 구덩이는 매우 커 보입니다. 아마도 결승점에 가까울수록 넓고 엄청나게 큰 구덩이로 보일 것 입니다.

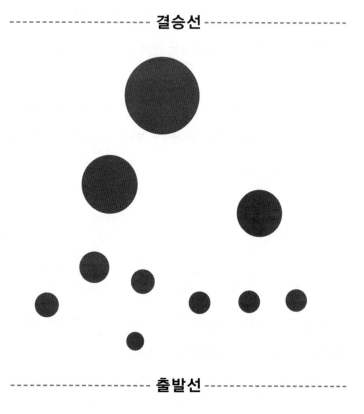

구덩이 탈출 게임의 룰

1. 각 구덩이에 어떤 사람이든 각자의 자리 잡는다.

2. 일정시간이 되면 자신의 구덩이를 찾아 들어가야 한다.

3. 태어나면서는 부모의 구덩이에 함께 살아간다.

4. 30년이 지나도 자기 구덩이를 찾지 못한다면 가족의 구덩이에 편입된다.

5. 각 구덩이의 위치는 본인의 노력 여하에 따라 언제든 바꿀 수 있다.

대부분 구덩이 탈출 게임의 결승점 근처에 머무르고 싶어 하지만, 좋은 구덩이는 상대적으로 숫자가 적고 차지하기도 힘듭니다.

게임 초기의 가장 중요한 요소는 이것입니다.

운이 좋게도… 운이 나쁘게도…

처음부터 넓은 구덩이를 차지하는 것은 운이 좋은 부류입니다. '부를 가지는 것이 성공'이라는 평가 기준을 적용한다면, 어려서 넓은 곳에서 태어나는 것은 시작부터 운이 좋은 사람이라 여

겨야 합니다. 초기의 구덩이는 출생 환경에 따라 9할이 결정되었습니다.

행동경제학의 대가 데니얼 카너먼(Daniel Kahneman)은 성공에 대해 이렇게 이야기 합니다.

$$성공 = 보통의 노력 + 운$$

$$대성공 = 보통 이상의 노력 + 매우 강한 운$$

당신은 어떻게 생각하시나요? 우리는 사회에서 각자의 역할을 수행(분업)하면서 열심히 살아가고 있습니다. 사람들은 본인이 성공하면 눈물 나는 노력의 결과라 생각하고, 실패하면 운이 나빴다고 합니다. 인내심이 강한 것도, 외모가 뛰어난 것도 우연히 좋은 유전자가 그 사람에게 자리 잡은 것뿐일까요?

자신의 구덩이에 안주하면 밀려나는 것은 당연합니다. 구덩이의 첫 선택은 대부분이 운이라고 말씀드렸습니다.

하지만 경제 활동을 시작하면 누구나 자신의 구덩이를 가집니다. 현명한 참가자라면, 어릴 적부터 남들과 다른 자신의 구덩이를 바라보는 순간, 구덩이를 탈출하려는 노력을 시작합니다. 이 게임에서는 빨리 알아차리는 것이 중요합니다.

물론 자신의 구덩이에 만족하고 살아가는 사람들도 많이 있습니다. 하지만 구덩이가 넓고 좋을수록 그 자리를 유지하는 것이 쉽습니다. 안주하면 출발선 방향의 구덩이로 밀려나게 됩니다. 넓고 좋은 구덩이는 노리는 사람들이 상당히 많기 때문입니다. 제가 무슨 말을 하고 있는지 여러분은 느끼실 것입니다. 계층화된 삶의 현실을 이야기하고 있습니다.

당신은 아마 운에 의해 부가 결정되는 것을 수도 없이 많이 보아왔을 것입니다. 딱 한 가지 예외는 있습니다. 당신의 성공은 운이라 절대 생각 하지 않으실 것입니다.

우리가 운을 기다리는 상황에서 할 수 있는 것은
하나 밖에 없습니다. 바로 노력입니다.

물론 노력만 한다고 다 잘되는 건 전혀 아닙니다. 노력을 어느 정도 해야 하는지도 잘 모릅니다. 또한 조금 노력하고 불만을 가진다면 그건 노력이 아닙니다. 대부분 높은 목표를 세우고 끝없이 노력하는 상황에서 작은 변화가 시작됩니다.

주변에서 큰 성공을 이룬 분들의 말씀을 종합해보면, 약 3년이라는 시간을 어떻게 사용하느냐에 따라 그 사람의 상황이 크게 바뀌는 것을 많이 보아 왔습니다. 당신에게도 기회가 있습니다.

서당 개 3년이면, 풍월을 읊는다.
1만 시간의 법칙(하루 10시간씩 3년)

초등학교 6년(저학년으로 3년, 고학년으로 3년). 저학년 3년을 보낸 이후의 고학년이 되는 4학년이면 아이의 평생 성적이 결정된다는 말도 있습니다.

저학년 초기의 부여된 시간과 태도 그리고 기본기를 생각한다면 이해가 갑니다. 그러나 어쩌다 중학교 때는 공부를 못하던 학생이 우수한 학생으로 바뀌는 것을 가끔 봅니다. 꼴등학생이 갑자기 1등이 아니라, 3년간 서서히 성적이 좋아지는 상황 말입니다. 충분히 가능합니다.

삶이 내 뜻대로 되지 않고 너무나 힘들다면,
직전의 3년을 돌아볼 필요가 있습니다.
또한 지금부터 3년을 어떻게 하느냐에 따라 한 단계 높은
수준에 도달할 수도 있습니다.
불운이 닥치더라도 3년을 정비한다면,
분명 달라질 수 있을 것입니다.

역전승은 가장 재미있는 게임이다.

우리 삶의 게임은 정말 재밌습니다. 여러분은 스포츠 경기를 볼 때 어떤 경기가 제일 재미있던가요? 강자들의 경기? 국가대표팀의 경기? 저는 '대상보다는 상황'이라고 생각합니다. 절대로 이기지 못할 것 같았던 상황에서 역전승을 이끌어내는 경기가 가장 재미있다고 생각합니다. 강자를 이기는 언더독(Underdog)의 승리 말입니다.

저는 3년이라는 시간이 보통의 삶에서 역전을 만들어낼 수 있다고 생각합니다. 그래서 70세든 80세든 너무 늦은 때란 없다

고 봅니다. 무엇인가 변화를 원한다면, 꾸준히 탈출을 준비해 보시면 어떨까요?

한 가지 아이디어를 드리겠습니다. 운은 대부분 사람 간의 관계에서 만들어지는 경우가 많습니다. 긍정적인 사람 주변에는 거의 사람이 많습니다. 인맥은 서로 도와줄 만한 사람이 진짜 인맥입니다. 그래서 그다지 긍정적이지 않아도 주변에 사람이 많은 사람도 있습니다. 대부분 능력이 있는 사람입니다. 능력 있는 사람 주변에 서로 도움을 주고받는 사람이 자연히 모이게 되어 시너지 효과를 일으킵니다. 운을 부르려면 능력과 태도를 키우면 된다고 생각합니다.

누구나 변화할 수 있습니다. 당신의 성공을 진심으로 응원합니다.

핵심요약

미래에 누군가가 어떻게든 나를 도와 주겠지라고 안일한 생각을 버려야한다. 스스로 흑자의 인생을 만들어가는 것은 당연한 일이다. 돈을 더벌것을 생각하고 소비를 관리하고 일찍 투자해보자. 충분히 관리가능한 위험이다.

05_ 시간과 돈의 연결을 끊자

◆

　　　　　이번 주제를 얼마나 잘 이해하고 제대로 실행하느냐에 따라 당신의 부와 삶의 방향이 달라질 것입니다.

간절히 부자가 되고 싶고 경제적 자유를 얻고 싶은 분이시라면 이 주제와 다음 주제를 잘 읽어 보시기 바랍니다. 소중한 메시지가 담겨 있습니다.

보통의 삶은 시간과 돈을 교환한다.

대부분의 근로자들은 자신의 시간을 타인 혹은 단체에 소속되어 시간당으로 돈을 법니다. 예를 들면, 연봉이 2천만 원인 사람은 하루에 (존재하므로 벌어들이는 소득) 5만 5천 원의 이득을 얻고, 연봉이 20억 원인 사람은 하루 550만 원의 이득을 얻을 것입니다.

연소득이 2천만 원인 사람과 20억 원인 사람의 시간은 24시간으로 동일합니다. 왜 같은 사람인데 소득은 100배나 차이가 날까요? 분명한 이유가 있을 것입니다.

하지만 그것에 대해서는 제가 설명해 드리지는 않을 것입니다. 당신도 저도 우리 대부분이 각자 스스로 알고 있습니다. 분명히 타고난 능력은 아닐 것 입니다.

인적자산의 가치를 고려해 봅니다.

이 연봉과 시간을 기준으로 인적 자산의 가치에 대해 이야기해 보겠습니다. 16편 두개의 T를 내용을 다시 가져와 설명해 드립니다.

인적 자산의 가치 = 연봉/물가 상승률 *(근속가능 기간/30)

여러분이 다니고 계시는 직장에서 퇴직하거나 갑자기 건강이 나빠진다면 한순간에 0이 될 수도 있습니다. 이것은 우리가 맹목적으로 추구해야 하는 대상이 아니라는 것을 이해하게 될 것입니다.

이제 인적자산이 없다고 생각하고 부자가 되는 것에 대해 생각해 보겠습니다.

"1년에 얼마나 더 부자가 되고 계신가요?"

계산법은 본인이 일해서 벌어들이는 소득과 일하지 않고도 버는 소득(투자, 수동적 소득)의 합으로 생각해 볼 수 있습니다. 당신이 노력을 들이지 않고 일주일에 2~3시간 즉 하루에 30분 이하의 시간을 할애하는 정도라면 수동적 소득이라 할 만합니다. 지난 수년간 당신의 수입의 합을 계산해보시면 쉽습니다.

누군가는 시간당 0원이고, 누군가는 시간당 20만 원, 또 누군가는 시간당 200만 원

이것은 무엇을 뜻할까요? 내가 열심히 일하는 것보다 어쩌면 투자를 잘하는 것이 더 중요하다거나 시간과 돈을 교환하는 것이 정답이 아닌 것을 깨달을 수 있을 것입니다.

인적자산은 나이가 들수록 감소하니 일할 수 없는 기간을 위해

인적 자산 외의 것으로 커버해 나가야 한다는 의미일 수도 있습니다.

여러분의 재무적 목표는 무엇인가요?

제가 드리는 예시는 대단한 부를 가진 사람은 아니지만, 재무적으로 안정의 수준에 는 있다고 생각합니다. 만일 어떤 분의 은퇴 직전 연봉이 5천만 원이었다면, 따로 일을 하지 않더라도 연봉 이상의 순자산의 증분이나 소득의 흐름이 그것을 초과하게 들어온다면 그분의 삶은 상당히 굳건할 것입니다.

억지로 일하지 않아도 부가 줄어들지 않습니다. 물론 자산가치의 증가보다는 현금 흐름으로 소득이 매월 들어온다면 더욱 이상적인 구조일 것입니다.

가치는 꼭 시간과 바꿀 필요가 없습니다.

우리는 가치와 돈을 교환해서 돈을 번다.

이 문장의 핵심은 가치는 반드시 본인의 시간을 사용하지 않아

도 돈으로 교환된다는 의미에 있습니다. 아니 시간과 교환하지 않을수록 진짜 부입니다. 위 문장의 의미는 우리 인생에서 너무나 귀중합니다. 내가 특정인을 고용해서 연봉 2천만 원을 주고 그로 인해 연간 2천만 원을 순수익을 얻을 수 있는 일이 있다면, 당신의 시간과 노동을 돈과 연결하지 않는 과정을 고안해야 합니다.

되도록이면 일찍, 최소한 경제생활을 하는 동안에는 반드시 만들어야 합니다.

그 방식은 사업 시스템일 수도, 투자일 수도 있습니다.

중요한 것은 이노력을 하지 않는다면 여러분은 계속해서 돈에 지배당하게 됩니다. 이런 물음이 생기실 것입니다.

"시간과 돈의 연결을 끊기 위해서는 무엇을 해야 할까요?"

예로 아래와 같은 일들이 있습니다.

1) 물가 상승에 취약한 현금을 보유하지 않기
2) 당신의 시간을 지속적으로 투자하지 않아도 당신에게 돈

을 벌어줄 비즈니스를 시작하기

3) 수입이 자동으로 들어오는 대상에 투자하기

4) 노동이 아닌 다른 부분으로도 확장 가능한 인적자산에 투자하기

이 4가지를 의식적으로 지속한다면 어떤 결과로든 점점 나의 돈과 시간의 방정식은 변화하게 되고 성과를 만들어낼 것입니다.

여러분이 없어도 잘 돌아갈 스스로에게 이득을 안겨 줄 자동 시스템을 만드는 것이 중요한 핵심입니다.

재정적 자유를 향해 나가자.

이 개념을 이해하지 못하면 여러분은 돈으로 인해 지속적으로 어려움을 겪을 것입니다. 여러분께서 지금 다니는 직장을 바로 그만두시라는 뜻이 아닙니다. 일을 통해 성장과 기쁨의 가치를 찾을 수도 있습니다. 하지만 매일 출근하는 것이 고통스럽다면 이 전략을 깊이 있게 고민해 보아야 합니다.

꼭 말씀드리고 싶은 것은, 부를 위한 시간을 사용하는
방향성이 중요하다는 것입니다.

당신을 대신해서 당신을 위해 일하고, 당신은 그저 행복하게 삶을 즐기는 것이 도착지입니다. 이것을 진정한 재정적 자유의 목적지이고 우리가 당도하고 싶은 곳입니다.

이런 이야기는 보통 사람들에게 익숙하지 않아 혹 반발심마저 생겨날 수도 있을 것입니다. 내 근로의 가치와 나의 일은 너무나 중요합니다. 혹은 내가 없으면 우리 회사는 안 된다는 순진한 생각도 일어날 것입니다. 이런 생각도 일어날 것입니다.

"저는 고민하기 싫어요! 저는 시간도 없고, 돈도 없습니다."

물론 고민하지 않는다고 해서 당장 문제는 생기지 않습니다. 더 나아지지 않고 어제처럼 출근 때문에 고뇌에 빠져 있어야 할 뿐입니다. 그리고 당신과 당신의 일로 인해 더욱 시간과 돈의 연결이 느슨해질 뿐입니다. 나이가 들수록 시간은 점점 줄어들고 더 좋은 결과를 가져올 확률 또한 낮아질 것입니다.

변할 마음이 있으시다면 먼저 당신이 바로 얻을 수 있는 당신의 시간부터 찾아옵시다.

남들의 상상 속에서 보낸 시간을 그만둡시다.

> 돈도, 시간도, 능력도 없다고 말하시는 분께 한 가지는 지금 바로 찾아 드릴 수 있습니다. 바로 '시간' 입니다.

지금 앉은 자리에서 여러분께서 지금 당장 펜을 꺼내 귀중한 시간을 얼마나 허비하는지 꼭 계산해 보시기 바랍니다. 사람마다 낭비에 대해 다르게 판단하겠지만, 제가 말씀드리는 낭비하는 시간이란 남들이 만들어 놓은 상상 속에서 시간을 보내는 행위 입니다.

예를 들자면, 그냥 시간이 나면 재미없어도 하는 게임, 승부가 뻔한 스포츠 관람, 목적 없는 인터넷 서핑, 별 재미없는 드라마 시청, 때로 유해하고 흥미만 있는 '컨텐츠' 보기 등 대부분은 여러분의 시간을 갈취하는 존재들입니다.

이것부터 줄여나가시면 됩니다. 저도 게임이나 드라마를 볼 때 재미를 느끼고 작은 불안을 감소시키는 것으로 위안을 받기도 했습니다. 그 기분을 이해합니다. 하지만 잠을 줄여가면서 보는 드라마는 시간 부자가 되고 난 후 정말로 지루할 때 보셔도 됩니다. 내가 보든지 보지 않든지 결과가 정해지는 스포츠보다는 건강을 위해 직접 뛰시는 게 낫습니다.

게임에서 남을 이기기 위한 레벨업은 좀 줄이시고, 현실에서 책을 읽고 타인들과 경쟁하는 레벨업을 해야 합니다. 채팅창에서 의미 없는 대화보다 사랑하는 가족들과의 대화가 더 필요하며, 인생에서 그다지 중요하지 않은 만남을 계속 위안삼아 이어가는 것 또한 낭비입니다.

여러분이 꼭 해야 할 미래를 위한 투자 시간은 그다지 중요하지 않을까요? 성장은 급하고 중요한 일에서 나오는 것이 아니라, 급하지 않지만 중요한 일을 해나가는 데에서 옵니다. 매번 반복되는 뻔한 패턴의 드라마나 캐릭터 레벨업으로 작은 기쁨을 느끼는 게임 혹은 의미 없는 시간 때우기는 여러분의 돈과 시간을 더욱 강하게 연결할 것입니다.

그런 행위를 할 때마다 그들의 상상력 안에서 내 시간을 바침으로써 그들은 부를 얻고 본인은 거짓 재미만 얻을 뿐입니다. 그 시스템을 만든 사람들과 주요 인물들만 부자가 되는 것입니다. 인기 스포츠 스타나 가수, 배우가 천문학적인 부를 얻는 이유를 생각해 보면 쉽습니다.

우리는 모두에게 가장 귀중한 자원인 시간을 아껴야 합니다. 우리가 시간을 투여해야 할 대상은 남의 상상 속이 아닙니다.

돈으로부터 자유로워지도록 포기하지 말고 도전해 봅시다.

부를 위해서는 일정수준의 노력과 희생이 필요합니다. 인적 자산은 대체 불가함을 향해서 나아가야 하고, 시스템을 만드는 노력들을 해나가야 합니다. 결과를 속단하기는 어렵지만, 포기하지 않고 시도하면 언젠가는 놀라운 결실이 당신께도 주어질 것입니다.

당신 스스로 자유를 위한 시스템을 만들고, 서서히 본인은 그 일에서 벗어나 잘 돌아가는지 가끔 확인만 하면 될 것입니다. 그렇다면 당신께 더 많은 시간과 돈이 곁에 머물 것입니다. 하루빨리 여러분의 시간과 돈의 연결이 끊어지고 진정한 인생의 맛을 느끼실 수 있길 기대합니다.

시간과 돈의 연결을 끊어야 진정한 자유를 얻을 수 있습니다. 나의 시간을 효율적으로 관리하고 포기하지 않는다면 당신도 자유를 달성할 수 있습니다.

06_당신의 높은 에너지로 부를 만들기

◆

　　　　　아이디어와 에너지를 활용하면 부를 쌓을 수 있습니다 그것은 부자가 부를 만드는 방식입니다.
직전 주제를 좀 더 심화해 이야기를 나누어 보겠습니다.분명 여러분이 부를 쌓는 방식을 제대로 이해한다면 언제 어느 상황에서든 재무적 안전함으로 더욱 강한 멘탈을 가질수 있을것이기 때문입니다.

여러분은 부를 얻기 위해 어떤 방식으로 생활하고 계시나요?
그리고 어떤 노력을 현재 기울이고 계시나요?

부를 얻는 방식은 3가지 정도로 요약할 수 있습니다.

1. 시간과 돈의 교환(근로 소득)
2. 돈을 투자해 돈을 번다. (투자 소득)
3. 아이디어와 높은 에너지를 투입해 시스템으로 돈을 번다.

1. 시간과 돈의 교환(근로 소득)

시간과 돈의 교환은 근로소득을 이야기합니다. 이 영역에 속하는 사람은 그의 소득을 시간당으로 쉽게 계산할 수 있으며, 대부분 자신의 노력 여부와 관계없이 옆사람과 비슷한 연차에 비슷한 소득을 얻는 분들입니다. 여기서는 더욱 열심히 한다고 해서 같은 일을 하는 사람들간 소득 차이는 단기간에는 별로 없습니다. 경영자 혹은 소유자가 당신에게 그만둘 것을 이야기한다면, 그만둘수 밖에 없고 다른 일자리를 다시 얻으려면 정말로 열심히 노력해야 할것입니다.

하지만 이 교환의 모든 부분이 나쁘지는 않습니다. 상대적으로 걱정이 작고 정기적인 소득과 안락한 휴일(주말)을 얻습니다. 하지만 퇴직하고 나서는 전혀 소득을 기대할 수 없습니다. 이 영역에서는 시간이 곧 소득의 원천인 상황입니다.

2. 돈을 투자해 돈을 번다.(투자 소득)

부를 얻는 방법의 두번째는 "돈으로 돈을 버는 것입니다." 자본주의에서 이것을 잘하면 상당히 유리합니다. 혹시 운이 매우 좋다면 큰 부도 얻을 수 있습니다. 하지만 이 또한 쉬운 일은 아닙니다. 기대 수익률이 높을수록 변동의 불안감은 떨치기가 어렵고 상당한 주의와 인내 그리고 높은 에너지가 필요하기 때문입니다.

더하여 몇가지 생각해볼 부분이 있습니다. 수익률 자체 보다 자금의 규모가 크면 상당히 이득을 크게얻는데 유리합니다. 큰 돈이 반드시 수익을 얻는다는 것은 아니지만 굉장한 유리한 위치에서 운영이 가능합니다. 투자자가 스스로 자금을 모아 보았다면 과정에서 수많은 이해와 내적 훈련을 수행하기 때문에 상당한 유리한 부분이 있습니다. 또한 의외성을 이해해야 합니다. 나는 왜 열심히 적금을 넣는데 왜 성공하지 못하지? 라는 생각이 든다면 그것은 의외성을 이해하지 못한 것입니다.

의외성을 쉽게 말하면, 오를만한 것을 무엇이든 스스로가 가지고 있어야 한다라는 의미로 생각하면 됩니다. 2~3%의 확정이율을 가지는 대상은 절대 10~20% 이상의 의외성을 만들 수가 없기 때문입니다. 호기심이 생기는 대상이 있다면 다소 과감한 액션들이 필요합니다. 보통은 정말 큰 부를 꿈 꾸는 분들은 두 번째 방법을 많이 선호하지는 않습니다. 이 영역에서의 성공또한 시간이 상당히 필요하며, 투자는 본인의 역량대로 움직이지 않는 통제 불가적인 행위이기 때문입니다.

3. 아이디어와 높은 에너지를 투입해 시스템으로 돈을 번다.
이 부분이 에너지로 돈을 번다의 가장 중심 이야기가 될 것입니다.

"시스템을 만들어 돈을 번다는 뜻입니다."

이것을 이루기 위해서는 집중적인 노력이 많이 필요하지만 자동화라는 시스템화를 만들수 있다면, 거의 자동으로 부가 늘어나는 효과를 가질수 있을것입니다.

세번째 돈버는 법의 유명한 예를 하나 소개드리겠습니다.
"여러분은 코카콜라의 탄생 스토리를 알고 계시나요? "

1880년대 약제사였던 존 펨버튼이라는 사람이 두뇌 강장제를 하나 개발했습니다. 그 강장제가 우리가 즐겨 먹는 코카콜라의 시작 입니다. 존은 자신이 개발한 콜라를 여러 약국에 공급하면서 작은 이득을 얻었습니다. 하지만 그는 사업가적 에너지 레벨이 다소 낮아 큰 성공을 거두지는 못했습니다. 그가 죽은 후 아서 캔들러라는 사람이 존 펨버튼이 만든 코카콜라 레시피를 사들였습니다.

아서는 마케팅의 귀재였습니다.

그는 다양한 방식으로 열정을 다해 코카콜라의 매력을 알리기 위해 노력하였습니다.

"아무리 좋은 것이라도 알리는 노력없이는 성공하기 어렵습니다."

천부적 마케터인 아서캔들러는 수많은 어려움에도 코카콜라를 전 세계인의 음료로 만들었습니다. 그는 좋은 아이디어(레시피)를 발견하고 그가 가진 높은 재능인 마케팅(공급과 홍보) 감각을 활용해 사업의 시스템을 만들었습니다.

물론 그는 성공 후 직접 콜라를 만들지도 세일즈 하지도 않았습니다.

하지만 코카콜라는 200개 국가 18억명에게 팔리고 있습니다.

아서 캔들러가 한 일은 돈으로 돈을 번 것이 아니고 시간으로 돈을 번 것도 아니었습니다.

그는 그의 열정(높은 에너지)을 통해 시스템을 만들고
부를 일구어 내었습니다.

지금도 현대판 코카콜라는 새로 만들어지고 있습니다. 세계 도
처에는 젊은 부자들이 출현하고 있습니다. 그곳은 바로 디지털
이라는 새로운 세계입니다. 그들은 어느 조직에 속해 시간으로
돈을 번 것이 아니라 그들의 아이디어와 높은 에너지 레벨로 큰
성공을 이루어 내었습니다.

세번째 방법으로 부를 이루려면 어떻게 하면 될까요?
세상에 어디나 존재하는 돈버는 생각(아이디어)을 찾고 자신의
에너지 레벨을 올려 자신의 시스템을 만드는 일을 하면 됩니다.
에너지 레벨을 유지하고 아이디어를 찾는 일에 대해서 전해 드
리겠습니다.

아이디어를 찾는 것은 대부분 강한 목표의식에서 비롯됩니다.

예를 들면 이러한 목표들입니다.

"나는 언제까지 나의 사업을 통해 얼마의 돈을 벌고 싶다."

"나는 투자를 통해 월 현금 흐름 1,000원을 만들겠다."

등입니다.

"목표설정이 중요한 이유는 어디로 가야 할지를 정해야 그에 따라 아이디어도 찾게 되기 때문입니다." 누구나 간절한 바람을 가지고 목표를 가지고 생활하다 보면 아이디어가 계속 떠오를 것입니다.또 아이디어를 실행하려면 세부적인 계획을 세워야 하고 그것을 하나하나 실행해 나가야 합니다. 그 행동에는 에너지가 필요합니다. 높은 목표는 작은 에너지로는 달성하기 어렵습니다.

목표는 그럴듯하게 정했지만 에너지가 부족해서 성공을 하지 못하는 경우는 너무나 많습니다.

실행을 하지 못할때는 세 가지가 부족할 것입니다.
1. 체력이 부족하다.
2. 마음의 힘이 부족하다.
3. 기술이나 태도가 부족하다.

첫 번째 체력이 부족하다.

타고나게 체력이 강한 사람도 있습니다. 체력이 좋으면 실행에 유리합니다. 하지만 단기적으로 그것이 장점이 될 뿐 누구나 하루는 24시간이고 8시간은 쉬어야 하고 하루 세끼 밥 먹을 시간이 필요합니다. 단기 보다는 장기적인 에너지가 필요합니다. 꾸준히 해나가는 힘이 중요합니다. 물론 체력이 부족하다면 점검이 필요합니다.자신의 생활습관부터 점검해 볼 필요가 있습니다.

너무 잠을 적게 자거나 너무 마르거나 뚱뚱하거나 운동을 전혀 하지는 않으신가요?

생활 습관을 개선할 필요가 있습니다.어떤 일을 성취하기 위해서는 기본 에너지와 건강을 확보해야 한다는 의미입니다.

두 번째는 멘탈입니다.

다이아몬드 멘탈 처럼 강력한 멘탈은 목표를 달성하기 위해서도 필수적입니다.

멘탈은 스트레스에 대한 감내력 혹은 저항력이 될수 있습니다. 여러분은 목표를 실행을 할때, 반드시 찾아오는 스트레스가 닥쳤을 때 나는 어떻게 느끼는가를 한번생각해 보시기 바랍니다.

작은 일에도 스트레스를 많이 받고 쉽게 멘탈이 무너지는 경우에는 멘탈 근육을 키워야 합니다.

멘탈을 강화시키는 방법은 스트레스 상황을 긍정의 상황으로 변화시키는 연습을 해나가는 것이 아닐까 합니다.

성공한 사람들은 스트레스 상황에서 그것을 새로운 에너지로 전환시키는 사람들입니다. 그것을 잘하는 사람들의 공통적은 상당히 긍정적이라고 말할수 있습니다. 이것은 지적인 능력과도 연결될 수 있으며, 체력적인 부분이라고도 할 수 있습니다. 복잡하게 연결되어 있는 개념입니다. 멘탈이 약하다면 작은스트레스에 에너지를 크게 소진해 버립니다. 어쩌면 몸까지 아파질 것입니다. 또한 에너지가 부족하면, 어떤 일이든 시작하려는 의지를 갖기가 어렵습니다.

저는 여러분께 "멘탈 시스템"을 고안해 보라고 말씀드리고 싶습니다.
이 시스템은 에너지를 작게 소모하기 위해 구축하는 것입니다. 어떻게 하는지에 대한 확실한 정답은 없습니다. 하지만 크게 성공한 사람들은 거의 자신만의 멘탈 관리 시스템을 가지고 있습니다.

멘탈시스템의 의미는 인풋(자극)이
부정적인 스트레스라면 아웃풋(반응)이 어떻게
긍정적 에너지로 변환하는가에 대한 과정을
생각 해보면 시스템의 실마리가 됩니다.

스트레스가 들어오더라도 그다지 중요하다고 여기거나 그저 흘려버리기와 같이 아웃ㅅ이 나오는 것입니다.

정말로 멘탈이 강한 사람은 스트레스를 기회 혹은 더 큰 에너지로 바꾸어 버리는 사람입니다. 멘탈을 위해 위해 스스로 고민하고 시스템을 스스로 디자인 해 보시기를 권해드립니다.

세번째는 기술이나 태도가 부족할 때입니다.

어떤 일을 할만한 기술이나 태도가 부족하다면 어떤일을 하든 에너지가 많이 필요할 것입니다. 물론 기술이 부족한것은 큰 문제는 아닙니다. 기술도 대부분 적극적인 태도로 보완할 수 있습니다. 물론 기술을 익혀두면 빠르게 진행할수 있습니다.

누군가 자신의 사업을 시작 하고 싶다면 무엇을 먼저해야 할까요?

사업 아이디어를 만들어야 할까요?

돈부터 모아야 할까요? 그것보다 먼저 사업자로 등록하는 것은 어떨까요?

그리고 나서 무엇이라도 바로 팔 수 있는 것을 찾아서 100원이라도 매출로 만들어 보는 것을 어떨까요? 그리고 그 다음 1,000원이라도 파는 것을 찾아보는 것입니다.

작은성공을 해나가는 것은 매우 좋은 성장의 방법입니다.

"이제 아이디어도 찾는 방법도 알게 되었고 에너지도 충분합니다. 바로 실행을 하면 됩니다."

아직 자신이 없으시다구요? 물론 괜찮습니다.

좀더 아이디어와 에너지를 모으면 됩니다. 하지만 준비되신 분이라면 이제 실행을 해봅시다.

세번째 부 만들기는 크게 두 단계를 의식적으로 실행하면 됩니다.
첫 번째. 목표에 집중한다.
두 번째. 자동화/시스템화 시킨다.

첫 단계에서 두 번째 단계로 이어지려면 우선 자신의 마인드를 철저히 바꾸어야 합니다. 예를 들면 이런 생각을 바꾸어야 합니다. 이 일은 나만이 가장 잘할 수 있다. 그래서 이 일은 내가 반드시 계속해야만 한다. 물론 내가 가장 잘할 수 있는 일도 있고 내가 해야만 하는 일도 있습니다. 하지만 그러한 생각은 내 시간을 돈으로 바꾸는 것을 계속 반복하는 것입니다. 자영업, 전문직, 직장인은 대부분 자신의 시간으로 에너지를 쏟는 것을 반복합니다. 하지만 사업을 하는 사람은 시스템에 힘을 쏟고 자신이 필요 없을 상황을 만드는 것을 목표로 삼습니다. 그들은 스스로 잘할 필요가 없는 일들은 적극적으로 위임을 합니다. 현명한 아이디어로 강한 에너지를 초기에 과업에 헌신을 하고 그것을 통해 경제적 자유를 얻는 일을 목표로 합니다.

너무 어려운가요? 잘 모르겠다면, 협력의 방법을 찾도록 합니다. 다른 사람의 능력과 자금으로 자동 운영될수 있을지에 대해 깊게 고민해야 합니다.

큰 부를 창출하려면 다른 사람의 힘(지식 혹은 시간과 노력)을 빌리는 것에 익숙해져야 하고 혼자서 할 수 있는 성공적인 일은 거의 없다는 것을 깨달아야 합니다. 다행인 것은 그 과정에서 반드시 필요한 것이 돈과 시간이 전부도 아니라는 것입니다. 그리고 꼭 부자가 아니더라도 젊지 않더라도 가능하다는 의미입니다.그 성공을 취하기는 어렵지만 누구나 도전할 수 있는 돈이 중요치 않다는 것은 먼저 훌륭한 아이디어로 자금을 조달할 수 있는 제도는 인터넷만 찾아보아도 매우 많습니다.

시간이 전부 필요치 않다는 것은 또한 구조화의 과정은 본인이 전부 담당할 필요도 없습니다. 훌륭한 아이디어를 구현하는 과정을 타인에게 아웃소싱을 통할 수도 있으며, 권한을 위임하는 방법도 있습니다. 내 힘으로 모든것을 할 필요가 없습니다.특히 현대는 기술의 발전으로 소프트웨어, 무인화 시설, 로봇을 통해서도 고용의 어려움을 극복할 수 있습니다.

그런데도 왜 못하는 것일까요? 어쩌면 그단계가 어려운 것은 돈과 시간 문제가 아니라 아이디어나 에너지의 부족일 확률이 높고 더 정확하게 말하면 기회를 읽지 못하고 소비자의 욕구를 읽지 못하는 것,그리고 큰 두려움이 원인 일것입니다.

"무언가 변화하고 싶다면 지금 보다 훨씬 높은 의식과 에너지 수준을 가져야 한다고 판단합니다."

되도록이면 순차적으로 여러분의 노력이 적게 드는 방향으로 효율적으로 에너지를 투여하시기 바랍니다. 그렇다면, 높은 에너지로 부를 만들어 낼 수 있을 것입니다.

핵심요약

부는 시간과 돈으로 만드는 결과가 전부가 아닙니다. 상당히 괜찮은 아이디어와 높은 에너지로 시간과 돈에 관계없이 부를 이룰수 있습니다. 그 방법을 이해하면 여러분도 저절로 돈이 벌리는 방법을 찾을수 있을것입니다.

다이아몬드 멘탈의 최종목적지는 진정 행복한 삶을
누리는 것입니다.

PART
05

행복한 투자자가 되어보자

01_막연한 불안감은 떼어놓자

◆

자산관리 업무를 하면서 좋은 점이라면, 투자력을 높이는 일을 직업으로서 마음껏 고민할 수 있다는 점과 이 직업을 선택하지 않았다면 사회에서 뵙기 쉽지 않은 많은 분들을 고객으로 모실 수 있다는 점입니다.

평소 존경하는 의학박사님께서 방문해 주셔서 이런 말씀을 해주셨습니다.

"인생에서 불안감은 항상 따라오는 것입니다. 내가 돈이 많든 적든 나이가 어리든 늙었든 심신이 완벽히 건강하더라도 예외는 없습니다. 불안은 우리 내면에서 항상 존재하고, 시시각각으로 마음속에서 치밀어 올라옵니다. 그것을 인정해야 합니다."

인간은 생존을 위해, 교감신경과 부교감신경이 계속적으로 작용하여야 합니다. 그래야 생명의 균형을 유지할 수 있기 때문입니다.

교감신경만 활동한다면 우리는 살아갈 수 있을까요?
직업 특성상, 시시각각 변화하는 시세를 매일 바라보아야 하는 입장에서 큰 하락의 시기에는 몸과 마음이 지치는 경우가 자주 있습니다. 그래서 동료들 중에 더러 죄책감 혹은 좌절감으로 건강을 잃기도 하고 스스로 빨리 직장을 그만두기도 합니다.
증시만큼 강한 자가 살아남는 것이 아니라, 살아남은 자가 강한 자라는 말이 어울리는 곳이 또 있을까요?

투자의 세계에서 불안감과 공포는 항상 친구처럼 따라옵니다.
그것이 없다면 수익도 없습니다.

수익률이 100%이든 −50%이든, 크든 작든, 불안감은 항상 내면에서 존재합니다. 내려도 불안, 올라도 불안합니다. 투자의 현인이라 불리는 워렌 버핏이라고 해서 큰 하락장에서 불안감이 없을까요? 그렇지 않을 것입니다. 다만 그는 그것을 잘 통제하는 원리와 원칙을 잘 이해했을 따름입니다.

불안을 잘 이겨내는 과정 자체가 수익으로 가는 길일지도 모릅니다.

투자자의 성공은 불안을 이겨 내는 일일지도 모릅니다. 인간의 두 가지 근원적인 감정이라 불리는 사랑과 죽음의 감정을 이렇게 표현하고 싶습니다.

> 매일 사랑과 죽음에 대한 감정을 스스로
> 선택하는 것이 삶의 과업이다.

이것은 태어나서부터 부여받은 평생의 숙제입니다. 우리는 그 불안감을 제어하기 위해, 삶의 철학 즉 인생관을 준비하는 것인지도 모릅니다.

> 평정심을 항상 유지하는 심리적 연습을 하기!

지금 어쩌면 투자 성과가 부진해 힘들지도 모를 당신에게 이 말을 드리고 싶습니다.

당신이 불안을 느끼는 것은 투자 대상이 하락해서가 아닐 수도 있습니다. 그저 불안은 당연한 일입니다. 어떤 것이든 불안이 찾아오는데 그저 투자가 불안한 것뿐입니다. 인간이 불안함을 느끼시는 것은 완전히 정상입니다. 큰 파도도 언젠가는 잠잠해지듯 내일은 더 나아질 것입니다.

핵심요약

불안감은 누구나 가지고 있는 당연한 감정입니다. 그 불안감을 얼마나 잘 다루느냐는 여러분의 선택입니다. 지속적으로 행복을 선택하는 심리적 연습을 지속적으로 시도해보시기 바랍니다.

02_ 인생의 초콜릿 상자

◆

     1994년에 나온 톰 행크스 주연의 영화 〈포레스트 검프〉에서 마음에 남는 대사가 있어 행복한 인생을 위한 파트에서 나누어 봅니다.

포레스트 검프의 어머니는 지적 장애를 가지고 태어난 아들에게 아래와 같이 이야기 합니다.

인생은 초콜릿 상자와 같다.
네가 어떤 것을 고를지 모르니까.

영화의 전반적인 내용은 포레스트 검프가 지적장애라는 불리한 환경에서 태어나 살아가지만, 자신의 의지와 노력 그리고 다양한 행운으로 멋진 삶을 만들어 간다는 것입니다.

많은 명장면이 있지만, 가장 생각나는 장면은 새우 잡이 사업으로 큰돈을 번 검프가 자신의 돈을 관리해 준 댄 중위의 투자로 큰 부자가 되는 장면입니다.

중위가 그저 과수원에 투자한 줄 알았던 검프가 우편함에서 애플(미국의 IT기업) 주주총회 요청서를 확인하는 장면은 투자자들 사이에서 상당히 유명합니다.

영화 개봉 당시 애플 주가가 약 1.5달러 수준이었으니 배당과 주가 상승을 감안했을 때, 그 영화를 보고 애플을 매수했더라도 다시 100배 이상의 수익이 났을 겁니다. 놀랄 만한 일은, 그 영화가 개봉했을 때도 애플은 놀라운 기업이었지만 지금도 여전히 훌륭한 기업이라는 점입니다.

우리는 매일 반복되는 일상을 살아가고 있습니다.

하루를 큰 활동으로 나누어 보면, '자고 먹고, 일하고, 조금 놀고' 를 반복하고 있습니다. 하지만, 매일이 항상 같아 보여도 분명히 하루하루는 우리의 의식적 변화로 조금씩 다른 초콜릿을 꺼내어 먹는 것과 같습니다.

어떤 날은 사과 맛, 어떤 날은 딸기 맛, 또 어떤 날은 쓴맛의 초콜릿을 꺼내어 먹습니다. 당연히 어떤 날은 아무 맛이 없는 초콜릿을 먹기도 합니다.

저는 초콜릿 상자를 고르는 것을 인생의 행운을 얻는 것에 비유해 보겠습니다. 당신이 주어진 인생이라는 초콜릿 상자를 꺼내어 먹다보면 매일 같은 맛을 먹을 수도 있을 것입니다.

그러다 유통기한이 지났거나 상한 초콜릿 상자를 들고 있다면, 위험한 초콜릿을 자주 먹을 확률이 더 높아집니다.

매일 맛없는 초콜릿을 먹기 위해 꺼내는 기분은 인생 전체가 힘들어진다는 의미입니다. 사람들은 부여된 초초콜릿상자의 초콜릿만 먹다 가끔 다른 상자에서 기대하지 않았던 좋은 맛을 보게 되면, 좀 더 적극적으로 맛있는 초콜릿을 먹기 위해 노력하게 됩니다. 그 작은 경험이 상당한 동기가 부여된다고 할 수 있습니다.

더 맛있는 초콜릿을 먹으려면,
적극적으로 자신에게 부여된 상자를 바꾸기 위한
노력을 해야 할 것입니다.

다른 상자를 발견하고 맛있는 초콜릿을 먹는 방법은, 평소 자신이 하지 않았던 일들을 해보는 것이라고 합니다. 비일상적인 상황에서 행운은 자주 찾아온다고 합니다.

의식적으로 평소와 다른 길로 걸어가 보기,
잘 모르는 사람들과 이야기해보기, 낯선 곳에서 생활해 보기,
생각지 못한 다른 도전을 해보기

또한 시도의 회수를 과감하게 늘려보는 적극적인 행동도 중요합니다. 그것은 기회를 더 많이 잡을 확률이 커지는 행동입니다. 행복을 위해서는 여러분이 스스로 매일 삶에 대한 태도를 업그레이드 하고 의식적으로 더 실행하기 위해 애쓰는 것입니다.

물론 당신이 만족스러운 수준의 삶을 살고 있어, 다른 도전을 하지 않아도어느 정도는 살아갈 수 있는 상황이라도 계속 도전해보길 권해드립니다. 삶에서 행복을 좌우하는 것은 주어진 초콜릿을 계속 꺼내 먹는 행위가 아니라, 다른 초콜릿 상자를 용기 있게 선택하고 맛보는 것일 수 있습니다.

누군가는 더 맛있는 초콜릿 상자를
적극적으로 찾고 있습니다.

투자에서도 마찬가지 입니다. 성과가 나지 않는 초콜릿 상자를 들고 너무 낙담하지 마시기 바랍니다. 타인의 수익에 조금 배가 아프고 다소 불편하더라도, 찬찬히 다른 사람이 하는 투자도 살펴보고, 책도 읽고, 공부도 더 해보고, 투자 고수들의 말도 들어보고, 새로운 기회를 지속적으로 잡으려 노력하십시오. 분명히 거기에 더 나은 상자가 있을 것입니다.

다시 한번 강조합니다. 절대로 인생의 부여된 초콜릿 상자에 만족하지 마시기 바랍니다.

핵심요약

매일 초콜릿 상자는 당신 앞에 도착합니다. 그저 주어진 맛없는 초콜릿에 만족하는 것보다 좀 더 맛있는 초콜릿 상자를 용기 있게 얻는 노력을 해보시기 바랍니다.

03_ 항상 현재를 살아가기

◆

우리 삶은 어쩌면 행복한 날보다 그렇지 않은 날
이 더 많다.

당신께서는 매일 행복하신가요? 아니면 힘들어도 즐거운 날들
이 더 많으신가요?

개인적인 느낌으로는 우리 삶에서 기쁜 날과 그렇지 않은 날의
비율은 대략 잘해봐야 3대 7정도라고 생각합니다.

야구에 비유해 보면, 100번의 타석에 들어서서 30번 정도의 안
타를 치는 것만으로도 훌륭한 타자인 것처럼, 우리도 매일 타석
에 들어서는 타자의 마음으로 살아야 할지도 모르겠습니다.

강타자가 아닌 보통의 타자라면 매번 안타를 치지 못하는 것이
극히 당연합니다.

이것은 투자의 과정에서 가져볼만한 좋은 프레임입니다.

점점 우리의 삶도 일도 여러 가지로 힘들고 어려워지는 시대입니다. 상대적 결핍은 상실감을 가지게 하고 많은 것들이 걱정도 되고 마음도 편하지 않습니다. 하지만 유사 이래로 인류가 단 한 번도 걱정하지 않고 살아간 적이 없습니다. 고인이 된 가수 신해철 씨의 말을 전해드립니다.

> "고민이 없으면 잘살 것 같다고 하시는 분들께
> 말씀드립니다. 지금의 고민이 없어지면, 저 마음 귀퉁이에
> 있는 작게 자리 잡은 고민이 당신 앞에
> 사라진 고민만큼 커다란 고민으로 다가 올 것입니다."

물론 고민을 자주하는 것은 습관입니다. 고민하는 습관을 가진 분들의 삶은 어쩔 수 없이 고민에 빠져 생활 하시는 것 같고, 고민을 빨리 털어내는 습관을 가진 분들은 고민이 그리 많아 보이지 않습니다.

어차피 걱정하지 않는 습관은 평생 가져가야 하는 것이니 고민 없이 살아가는 연습 혹은 멘탈을 빨리 가져 보는 것이 하루라도

덜 힘들게 사는 방법이 아닐까 합니다. 물론 시스템적으로 바쁘게 지내거나 어떤 일에 몰입하는 장치를 마련하는 것들에 대해서도 관심을 가져 볼만합니다.

어떤 투자자분들은 투자 상황에서 습관적으로 부정적인 감정을 토로하곤 하십니다.
그럴 때면 저는 이렇게 말씀드립니다.

"지금 제일 큰 고민이 실현되지도 않은 투자대상의 손실이라고 한다면, 혹시 그 문제 말고 다른 더 큰 문제가 없을 경우 당신은 그런대로 행복한 삶을 살고 있는 것일지도 모릅니다. 투자 상황은 언제든 바뀔 수 있는 것이고, 투자의 결과는 충분히 달라질 수가 있기 때문입니다."

과거는 돌아갈 수 없고 미래는 알 수 없는 것

사람들은 누구나 크던 작던 스스로 만든 걱정과 근심을 가지고 있습니다. 당신을 항상 떨게 만드는 마음속의 자은 어린아이는 지속적으로 당신을 괴롭힐 것입니다. 어쩌면 그 아이는 다시는 돌아오지 않는 과거에 대해 근심하고, 아무도 모르는 미래의 일들에 대해 부정적인 마음의 못을 박아두고 쓸데없는 생각을 하는 것은 아닐까요?

지나간 일에 마음을 너무 두지 말고, 다가올 일에 마음이 먼저 가있지 말고, 현재를 살아가야 합니다.

현재를 내가 살아가는 것은 머릿속에 있는 생각으로 살아가는 것이 아니라, 내 눈앞에, 내 하루에 집중하는 것이라 생각합니다. 저는 당신께서 힘든 상황이시라면 부디 현재의 시간 감각을 가지시길 당부 드립니다. 과거는 돌아오지 않고 미래는 알 수 없는 것이기 때문입니다. 현재를 열정적으로 살아갑시다. 그것이 우리 생의 최선일지도 모릅니다.

핵심요약

고민도 습관이라는 것을 이해한다면, 고민을 하지 않는 습관을 만들어야 합니다. 과거는 돌아갈 수 없고 미래는 알 수 없습니다. 선물 같은 현재를 살아갑시다.

04_ 당장 지금부터 재미있게 살기

◆

여러분의 삶과 투자를 좀 더 재미있게 만드는데 도움이 되는 이야기를 준비했습니다.

우리를 행복하게 만드는 요소들을 찾아보면, 수많은 방법이 있음을 알게 됩니다. 매사 감사하는 마음, 기대를 낮추기, 사랑하는 마음 갖기 등 정말 수많은 방법과 행복의 길이 존재한다는 것을 알게 됩니다. 그 방법과 길을 스스로 찾아보시면, 여러분의 행복을 찾는데 도움이 될 것입니다.

행복의 필수 요소로 여겨지는 '재미'도 배워서 가질 수 있다면 한번 배워 보는 것은 어떨까요? 재미있는 것은 무언가 매일 특별한 것을 찾아 새로운 것을 하는 것이 아니라, 어떻게 하느냐의 문제일 수 있습니다.

어떤 분들은 본인의 소프트웨어(마음)에 긍정적인 것들이 깊게 탑재되어 있어, 큰 재미가 없어도 잘 살아갈 수 있을 것입니다. 하지만 단시간에 의식적 노력을 통해 긍정적인 것을 얻기 그리 쉬운 일은 아닙니다.

이 편에서는 의도적으로 삶을 재미있게 만들기 위해 재미의 원리와 실제에 대해 전해드리려 합니다. 라프코스터의 《재미이론》이라는 책과 직센트 미하이의 《몰입》이라는 책에서 많은 영감을 얻었다는 것을 먼저 말씀드립니다.

라프코스터는 세계적으로 유명한 게임디자이너입니다. 그는 게임에 참여하는 플레이어들이 어떻게 하면 지속적으로 재미를 느끼게 하는 구조를 고민하는 사람입니다. 그래서 누구보다 한정된 시간과 공간에서 재미있게 하는 법에 대해 많은 생각을 한 사람일 것입니다. 그의 이론의 하부에는 뇌과학적 지식과 인간을 이해하는 학문인 철학, 심리학이 잘 어우러져 있습니다.

《재미이론》에 따르면, 인간의 뇌는 무척이나 게으르면서도 계속 자극을 원한다고 합니다. 게으르지만 재미를 원하는 뇌를 만족시키기 위해서는 어떻게 해야 할까요?

재미에 대한 이야기를 하기 전에 먼저 알아두어야 할 것이 있습니다. 우리가 보통 말하는 천재성 즉 '얼마나 머리가 좋은가?'는 패턴을 얼마나 잘 찾느냐에 달려 있다고 합니다.

많은 부모님들께서 "우리 아이는 머리는 정말 좋은데 공부를 안 해서 탈이야."라는 말씀을 하십니다. 《재미이론》에 따르면, IQ가 높더라도 재미없는 것을 강요하면, 누구라도 공부에 흥미를 잃는다고 합니다.

패턴을 찾아 투자성과를 올리려는 시도는 좋지 않은 판단

노파심에서 말씀드리지만 패턴을 잘 찾는다고 해서 투자 성과가 좋은 것은 아닙니다. 패턴으로 투자수익률을 올릴 수 있다면, 주식시장은 이미 누군가에 의해 정복 되었을 것입니다. 슈퍼컴퓨터도 이기지 못하는 것을 보면 본질은 패턴 찾기가 아니라는 것을 알 수 있습니다. 참고로 투자는 작은 패턴 찾기보다는 시스템을 잘 준비하는 것이 조금 더 중요합니다.

재미에 대해 이야기 하겠습니다.

인간에게 패턴을 찾는 문제는 생존과 직결되어 있기 때문에 빠르게 패턴을 찾는 것이 매우 중요합니다. 예를 들면, '예쁘게 생긴 버섯이 대부분 독버섯' 이라는 것을 이해하기 위해 매번 생명을 걸고 독버섯을 먹어볼 필요는 없습니다. 눈치가 빨라야 합니다. 패턴이 한 번 정형화되면 '뇌는 새로운 패턴을 추가하는 것' 즉 변화를 싫어합니다. 그래서 생각을 하는 일은 어렵고 고되게 됩니다. 뇌는 계속적으로 새로운 패턴을 찾기 위해 많은 에너지를 들이는 작업을 싫어하는 것입니다.

새롭게 연결 짓기, 가설 세우기,
검증하기, 신뢰하기 등의 반복 과정을 상당기간에 걸쳐
머릿속에 조직해야 하기 때문입니다.

어렵지만 패턴을 만들었다면, 그때부터는 재미를 느낄 수 있습니다. 이제 재미를 위해 필요한 것은 새로운 정보(데이터) 넣기입니다. 우리가 즐거움을 느끼는 방법에는 정형화된 패턴의 반복도 상관없다고 합니다. 그저 그 패턴 안에서 새로운 것을 갈구하는 인간의 본능을 해소해주는 작은 자극만으로도 가능합니다.

몇 가지 예를 들어 보면, 대부분의 드라마의 주인공이 해피 엔딩으로 마무리될 것으로 알면서도 계속 보게 되는 것은 새로운 정보가 들어오기 때문입니다.

예를 들면 이런 패턴입니다.

어느 마을에 비범하고 총명하지만 가난한 사람이 있었는데, 사실 그 사람의 친부모는 높은 계급에 있는 부자로서 귀한 자녀와 의도치 않은 사건으로 이별하게 되었다, 주인공은 많은 어려움을 당하지만, 그것을 극적으로 이겨내고 다시 귀한 신분이 되어 사랑하는 사람과 행복하게 잘 살아간다.

뻔하디뻔한 이야기지만, 조금만 데이터를 변경하면 재미가 생겨납니다. 누가 연기하며, 어느 시대가 배경인지에 따라 같은 이야기도 다른 재미가 생기는 것입니다.

매번 같은 룰의 스포츠를 보는 것 또한 마찬가지입니다. 같은 듯 보이지만 매 시즌마다 새로운 선수가 등장하고 상황이 달라집니다.

투자 재미도 의도적으로 얻을 수 있다.

《재미이론》을 통해 우리는 귀한 방법을 얻었습니다.

투자가 재미있으려면 지속적으로 새로운 정보가
제공되어, 뇌를 만족시킬 수 있어야 합니다.

재미라는 말에는 이런 의미가 숨어 있다고 합니다.

'재미'는 원래 '자미'에서 나온 말입니다. 자미의 '자'는 늘어 난다는 의미의 '불을 자'이고, '미'는 '맛 미'입니다. 무언가가 점점 늘어갈 때 느껴지는 맛, 그것이 곧 재미라는 것입니다. 투자 실력이 늘어나는 것을 측정하면서 스스로 재미있게 늘려가는 것이 능동적인 재미를 추구하는 것입니다.

그래서 저는 가끔 사는 게 재미가 없다는 분들에게 투자공부를 추천해 드립니다. 매일 삶의 삶이 단순히 반복되는 것이 아니라, 새로운 데이터를 가지고 축적하고 실제 투자에도 도움이 되는 시간을 가져 보는 것이기 때문입니다.

재미를 위해 자신의 성과를 점검할 수 있어야 한다.

재미의 핵심 중 한 가지 요소는 투자자가 뉴스나 정보를 적극적으로 얻는 것만큼 중요한 것은 성과점검을 통해 재미를 강화해 가는 것입니다. 단순수익률보다는 스스로 투자의 기술을 늘려가고 전에는 하지 못한 아이디어와 전략을 실현하는 것, 그 과정에서 자기계발이 일어나는 상황에 상당한 재미를 느끼실 것입니다. 덩달아 여러분이 머니게임의 승자가 될지도 모릅니다.

이제 투자로 좀 더 재미있게 사는 방법을 정리하겠습니다.
투자자는 더 적극적으로 투자공부를 하고, 머니게임에서 자신의 성장을 스스로 측정할 수 있고, 그 지식을 타인과 나눌 기회가 있다면 여러분은 정말로 재미있는 삶을 사실 수 있을 것입니다. 역사적으로 지금처럼 생계를 떠나 여유시간이 부여된 시기는 없었다고 합니다. 현재의 삶에 재미를 경험하는 계기를 좀 더 늘려 보았으면 합니다. 인생은 충분히 즐겁고 행복한 것임을 다시금 느끼는 당신이 되었으면 합니다.

핵심요약

좀 더 재미있게 사는 방법은 좀 더 적극적으로 행동하고 그 원리를 따라가는 것입니다. 그 행위가 부를 얻는 행위가 된다면, 여러분은 머니게임에서 더 높은 자리에 설 수 있을 것입니다.

05_마법의 콩나무에 오르기

◆

　　　　　아이에게 동화를 읽어주다 재미있는 생각이 떠올라 전해 드립니다. 아이가 좋아하는 동화책의 제목은 '잭과 콩나무' 입니다.

너무 어릴 적에 들어 보셨던 동화라 스토리가 잘 기억이 나지 않으실 것 같아 줄거리 간단히 소개를 먼저 드리겠습니다.

옛날 어느 시골 마을에 어머니와 다소 어리석은 아들 잭이 살고 있었습니다. 어느 날 어머니는 잭에게 집에 더 이상 먹을 것이 없으니 집안에 키우던 소 한 마리를 잭에게 주면서 팔아서 먹을 것을 사 오라고 시켰습니다.

잭은 길을 가다 어떤 나그네에게 신비한 힘을 가진 콩이라는 말을 듣고 콩과 소를 바꾸어 집으로 돌아 왔습니다.

어머니는 그 말을 듣고 화를 내며 콩을 밖으로 던졌습니다. 다음날 일어나 보니 하늘 높이 콩나무가 자라 있었습니다.

궁금증을 느낀 잭은 하늘 높이 자란 콩나무를 올라가 거인의 성에 당도하게 됩니다. 잭은 무서운 거인의 눈을 피해 황금알을 낳는 거위에 금은보화가 가득한 자루, 노래하는 하프 등 값진 것을 훔쳐 도망을 칩니다. 그러다 세 번째에는 발각이 되어 거인에게 쫓기다가 끝내 추격을 물리치고 오래 행복하게 살았다는 이야기입니다.

우리 삶에도 어딘가에 마법의 콩은 자라고 있으며, 그것을 쟁취하는 사람들이 있다.

어릴 적에는 동화를 통해 상상 속으로 들어가곤 했습니다. 나이가 들면서 점점 현실과의 타협으로 동심이 사라지고 있지만요. 그러나 '잭과 콩나무'는 그저 동화라고 하기에는 우리가 살아가고 있는 삶에 공감할 내용이 상당히 많은 것 같습니다.

이렇게 우리 삶과 비유해보면 어떨까요?

우리는 귀중한 시간과 노력을 투여해서 기른 돈(소)을 투여해 기회를 알아보고 누릴 수 있는 힘(마법의 콩)을 가지게 됩니다.

어떤 이들은 그 작은 투자의 기회가 어리석은 것이라고 놀리지만, 상황에 따라 작은 콩들은 엄청나게 큰 콩나무가 되는 것을 바라봅니다. 어떤 이들은 콩나무가 자라나는 것을 그저 지켜보는 것에 그치지 않고 용기를 내어 자신의 콩나무를 타고 올라가 거인(두려움)을 물리치고 귀중한 것(부와 명예)을 얻어냅니다.

일단 마법의 콩나무로 여겨지면 올라가자.

여러분 주위에도 관심을 갖고 주의 깊게 찾아보면, 반드시 마법의 콩나무를 발견할 수 있을 것입니다.
한번 올라가 볼 만한 콩나무를 발견했다면 용기를 내어 올라가 보시기 바랍니다. 올라간다고 해서 모두가 황금알을 낳는 닭이나 금은보화를 얻지는 못합니다. 더욱이 처음 오르는 콩나무에서 큰 성과를 얻는다는 보장도 없습니다.

하지만 도전해 볼만한 까닭은,
대부분의 사람들은 콩나무를 멀리서만 지켜보고 올라갈
용기조차 내지 못하기 때문입니다.

그 용기만으로도 이미 당신에게는 좋은 징조가 보일 것입니다. 높이 우뚝 서 있는 것 같은 콩나무이지만, 거인의 땅까지 도달하지 못하는 콩나무일 수도 있습니다. 시도자체도 의미가 있습니다. 보통사람들은 콩나무에 올라가서 떨어지는 것만 생각합니다. 도전하는 사람은 언젠가 결실을 얻습니다. 올라가는 것이 위험한 일이 아닙니다. 언젠가 우리 삶에서는 콩나무를 오르지 않고 그대로 바라만 본 것이 더 큰 위험일 수도 있다는 것을 알아차려야 합니다.

성공과 성취를 원한다면 그대로 보고만 있어서는 안 된다.

우리는 잘 알고 있습니다. 우리의 삶에서 어떤 성취나 성공이라는 것이 갑자기 그리고 저절로 이루어지지 않는다는 것을 말입니다. 각자의 콩나무를 오르다 보면, 다른 사람들이 그러한 콩나무를 오르기 위해 필사적으로 노력하고 있다는 것을 볼 수 있을 것이며 옆 사람의 노하우도 배우게 됩니다. 그러다 보면 다른 콩나무를 오를 능력과 실력도 생깁니다.

최소한 언젠가는 반드시 도래할 노후를 걱정만으로는 아무것도 바꿀 수가 없습니다.

> ## "나이가 들면, 10억쯤 모을 수 있겠지!"

> ## "누군가 나를 책임져 주겠지!"

'어떻게든 되겠지.' 라는 생각은 전혀 도움이 안 됩니다.

일단은 작은 한걸음을 내디뎌야 합니다. 미끄러지더라도 또 용기를 내어 한걸음을 내디디고 다시 또 한걸음을 내디뎌야 합니다. 그러다 보면 어느 순간 콩나무 오르는 것은 그리 어렵지 않은 일이 될 수도 있습니다. 그리고 나서부터는 여러 그루의 콩나무에 신나게 올라가 상상하지 못했던 큰 이익이 얻을 수 있습니다. 당신의 삶과 투자를 위한 콩나무에 용기를 내어 오르시기 바랍니다.

핵심요약

내 주변의 마법의 콩나무를 살펴보라. 누군가는 용기 있게 부를 쟁취하고 또 다른 성공을 구하고 있다. 좀 더 적극적인 태도로 투자와 삶의 성공을 도전해 보자.

다이아몬드 마인드를 가졌다면 이제 실전 투자에서
레벨업 하십시오.

PART
06

성공 투자를 위해
필요한 생각들

01_트렌드를 활용해 보자

◆

　　　여러분의 투자를 업그레이드 할 수 있는 방법을
이 편에서 설명해 드리겠습니다. 단단한 실력은 다이아몬드 멘
탈을 만들기 위한 필수 요소입니다.

트렌드는 부의 원천

경제 변동을 말할 때, 장기간에 걸친 성장 혹은 정체 또는 후퇴
등 변동의 경향성을 '트렌드' 라고 합니다. 우리말로 표현하면
'추세' 라고도 할 수 있습니다. 트렌드를 이해하는 것은 투자에
서는 물론 삶에서도 너무나 중요합니다.

　　　트렌드를 이해하고 활용하는가의 여부에 따라

우리의 생에서 성공과 실패에 큰 영향을 미치기 때문입니다.

트렌드에 맞서는 행위는 어리석다.

위기 후에는 항상 새로운 기회를 잉태합니다. 그 기회는 대부분 새로운 트렌드라는 요소가 탄생하면서 세(勢)를 만들어 갑니다. 트렌드에 맞서 역행하겠다고 한다면 어리석은 사람일 확률이 높습니다.

한번 상상해 보겠습니다.

어느 마을에 뱃사공이 있다고 가정합시다. 뱃사공은 큰돈을 벌고자 가파른 산의 계곡 상류에서 하류로 흘러 내려오는 물길을 맞서가며 높은 산으로 배를 저어 올라가려 합니다. 하지만 뱃사공은 거대한 힘과의 대결에서 조금만 시간이 지나면 힘이 다 소진되고 말 것입니다. 배를 탄 승객들 또한 물에 빠지고 말 것입니다.

반대로 상류에서 하류로 흐르는 물을 이용해 배를 이동시킨다면 뱃사공은 너무나도 쉽게 목표를 달성할 것입니다. 그것이 트렌드를 활용하는 것입니다.

우리 삶과 투자에서 반드시 트렌드를 꼭 이용해야 합니다. 빅 트렌드의 쉬운 예는 최근의 코로나 대 유행 이후에 등장한 '비대면 비즈니스의 확대' 입니다.

치명적인 위기로 수많은 변화가 있었지만 새로운 트렌드를 가져왔습니다. 그 트렌드를 읽은 사업가와 투자자는 큰돈을 벌었을 것입니다.

그렇다면 트렌드는 과연 어디에서 찾을 수 있을까요?

트렌드는 언제 어디서든 찾을 수 있습니다.

길거리에서도 볼 수 있고, 뉴스에서도 볼 수 있고, 투자자의 생활에서도 찾아볼 수 있습니다. 스스로 주의 깊게 바라본다면 지금의 트렌드를 이해할 수 있고, 좀 더 높은 '사유의 시선' 을 가진다면 곧 다가올 트렌드도 파악할 수 있을 것입니다. 우리의 통찰력을 잘 활용하면 됩니다.

무언가를 설명하기 위한 통찰력을 얻는 것은 다른 학문과의 연결에서도 좋은 해결책을 찾을 수 있습니다. 저는 트렌드의 방향과 속도라는 부분을 '물리적 현상'과 연결하여 통찰력을 얻어 보도록 하겠습니다.

고등학교 물리시간에 배운 공식을 가져오겠습니다.

$$F(\text{힘})=M(\text{질량})\times A(\text{속도})$$

가속도의 법칙(뉴턴의 제2법칙) : 운동의 변화는 가해진 힘에 비례하며, 힘이 가해지면 변화는 직선 방향으로 일어난다.

간단한 예로 가속도의 법칙을 설명 드리겠습니다.

1분에 1kg의 벽돌 한 장을 100m 이동시킬 수 있는 힘과 1000kg의 바위를 100m 이동시킬 수 있는 힘의 크기는 다릅니다. 속도는 힘과 무게에 달려 있다는 뜻이기도 합니다.

트렌드의 크기를 힘(F)에 비유하고(과학 기술의 진보, 사회적 유행의 파급수준 등), 대상의 규모는 무게(M)(예:세계, 국가단위, 산업 단위의 무게)으로 보았을 때, 트렌드가 확대되는 파급 속도를 속도(A)로 여기고 이야기 하겠습니다.

트렌드는 언제나 새로 만들어 질수 있으며, 트렌드가 지속되는 강도는 언제든 변화할 수 있습니다.

현대사회의 트렌드를 예로 말씀드리자면, 대상(M)은 세계화로 인해 점점 단일화, 거대화 되어가고 있고, 인터넷과 기술의 확장으로 파급 속도(A)는 점점 빨라지고 있습니다. 대표적인 사례로 BTS의 글로벌 성공사례를 생각해 본다면 이해하기 쉽습니다.

트렌드를 이해하는 것은 부를 얻는 일.

현대 사회에서 트렌드의 속도를 이해하고 적절한 대응을 하는 것은 단기간에도 큰 이득을 얻을 수 있다는 뜻이기도 합니다. 투자자가 발견하고자 하는 것은 큰 트렌드 안에서 세부 트렌드에 동행하는 기업 또는 대상과 동행하여 부를 얻는 일이라 할 수 있습니다.

트렌드는 탄생, 성장, 성숙, 쇠퇴의 단계가 있다.

트렌드의 생성부터 소멸까지 자세하게 밝힙니다.

영원히 성장하는 트렌드(F)는 존재하지 않으며,
트렌드의 시간 속에는 탄생, 성장 성숙,
쇠퇴라는 각 시기가 있습니다. 트렌드 지표 읽을 때는
이러한 부분을 생각해 보시면 어떨까요?

＊탄생기

특별한 재무적 숫자의 변화를 감지하기 어려우나, 분명한 개념이 일부 선지자들에 의해 논의가 되며 발 빠른 스타트업 기업 등이 해당 분야에 탄생하는 등 핵심 개념이 성립되기 시작합니다. 재무적인 수치에서는 아직 성장을 확인하기 어렵고 기대감만 존재하는 시기입니다.

＊성장기

트렌드 내 기업들의 매출, 영업이익의 증가 속도(A)가 상낭히 빨라지며, 손실을 기록하던 산업 내 리더들은 흑자로 전환하는 등의 흐름을 보여 줍니다. 업계의 리더는 크게 부각되기 시작하며, 이제 스타트업을 벗어난 기업들이 최고의 기업에 도전하기 위해 분주하게 경쟁합니다.

＊성숙기

성장기에 비해 성장 속도는 서서히 느려지면서 영업이익률이 높아지는 기업들이 발생합니다(과점화, 승자독식화). 해당 기업들은 성장이 무르익은 시기로 거의 대부분의 기업의 시장은 서열이 정해지게 되고, 기업은 성장의 한계로 작게나마 배당을 늘리고 다른 새로운 먹거리를 찾아 나서면서 제2의 성장기를 노립니다.

업종내 기업이 과점화될 때는 트렌드의 성숙기라고 볼 수 있습니다.

＊쇠퇴기

각종 지표의 성장은 매우 느려져 점점 매출액과 순이익 등이 자주 마이너스를 보인다면 트렌드는 점점 소멸한다고도 할 수 있습니다. 물론 트렌드의 크기에 따라 소멸기간도 다릅니다. 대부분 쇠퇴기에는 배당 지급을 높이는 기업들이 늘어나며, 직전 상황을 유지하는 것이 목표가 되기도 합니다.

쇠퇴기의 기업은 새로운 변화(트렌드)를 수용 하기 힘들어하며 그로 인해 점차 쇠락에 빠지게 됩니다.

이상 트렌드의 탄생과 소멸에 대해 설명해 드렸습니다.

다음으로 트렌드의 규모와 지속성에 대한 아이디어를 좀 더 설명해 드리겠습니다.

* 거대 규모의 트렌드일수록 장기적이며 꾸준한 성장이 일어난다.

전방위적인 규모의 변화는 트렌드의 힘이 지속적으로 공급되는 경우로 통상 속도(A)는 느린 편입니다.

거대한 변화는 거의 인류사를 규정할 수준의 변화를 의미합니다. 예로 농업혁명, 산업혁명, 인터넷 혁명, AI혁명과 같이 그 궤도가 크고 웅장하며 멈추기 힘든 변화들입니다. 이러한 트렌드는 현 시대를 규정하게 됩니다.

＊작은 트렌드는 속도가 빠르며 지속 시간이 짧다.

작은 변화는 유행에 가깝습니다. 그래서 규모(M)가 작고 힘이 지속적이지 않습니다. 강의 본류 수준이 아닌 작은 지류 수준의 변화라고도 할 수 있습니다. 잠시 지나가는 소나기와 같습니다. 가끔 투자자는 이것을 장기적 빅 트렌드라고 인식하는 순간 위기에 처하게 됩니다.

예를 들면 우리 주변에서 독특한 아이디어를 가지고 비즈니스가 행해질 때, 특정 신제품이 나와 유행하거나 인기를 얻는 수준의 변화를 말한다고 할 수 있습니다.

＊위기를 동반한 트렌드 : 힘(F)이 거세고 변화의 속도 또한 대규모로 빠른 것은 대부분 위기 전후에 찾아볼 수 있는 패턴이므로 눈여겨 살펴볼 필요가 있습니다.

각종 금융위기가 위와 같은 예라고 말할 수 있습니다. 통제가 불가하고 어떻게 향후에 전개될지 예측이 불가한 경우가 많습니다. 특히 투자자들이 큰 두려움을 느끼게 되는 순간 과도한 부정적 상상이 작동하게 됩니다.

특히 위기의 트렌드가 구조적이거나 불가항력적인 요소에 의한 위기는 단기적인 문제가 아닙니다.

물론 언제나 위기는 존재합니다. 우리가 인지하지 못하는 사이에 숨겨진 부분의 임계치가 넘어서면 그 리스크는 발현됩니다. 하지만 너무 두려워하지 않아도 되는 것은 이 위기 안에 큰 기회가 태어나기 때문입니다.

앞서 설명해 드린 것과 같이 트렌드에는 수많은 부와 기회가 숨어 있습니다. 언제 어디서든 투자 성공을 원하신다면, 트렌드를 항상 살펴주시기 바랍니다.
단 하나의 좋은 트렌드 이해만으로도 당신의 부는 급격하게 성장할 수 있습니다.

핵심요약

트렌드는 물리적으로 하나의 에너지로 표현할 수 있습니다. 이를 확인하고 힘의 크기와 방향을 예측할 수 있다면, 거대한 부는 여러분에게 다가 올 것입니다. 트렌드의 "포스"가 항상 여러분과 함께 하시길 바랍니다.

02_ 확률로 생각하기

◆

     투자 전략을 짜는 일은 다양한 분야의 지식을 결합하는 일입니다. 투자자라는 직업은 되도록이면 다양한 학문을 이해하고 그것에서 아이디어를 가져오는 연습을 해나가야 합니다. 저도 심리학, 철학, 사회학, 물리학 등 매우 다양한 학문을 공부하는 중입니다. 그 중 당신과 꼭 나누어 드리고 싶은 정말 아름다운 것이 있어 전달해 드리겠습니다.

아름다운 개념은 수를 정보화 하는 '통계의 힘' 입니다.

많은 분들이 통계라고 하면 학창시절 배우셔서 잘 기억이 나지 않으실 텐데요. 저는 통계 전체에 대해 말하려는 것은 아닙니다. 딱 한 가지만 말씀드리자면, 통계의 툴 중에는 '정규분포'라는 개념이 있습니다.

예를 들어 모 고등학교 한 반 학생 수인 40명의 남학생의 키를 재어 보니 평균이 175였습니다. 이 수준의 키가 어디에 가장 많이 있는가가 궁금해서 2센티미터 단위로 한 줄로 서게 해보니 (162~164, 164~166, 168~170 이런 식으로 말입니다.), 172~174구간의 학생들이 30명 정도 되고, 186~188 학생이 2명, 162~164 학생이 3명 되었습니다.

일반적인(정규) 분포는 평균값에는 해당 되는 수의 빈도가 많고, 평균에서 멀어질수록 빈도는 줄어드는 현상을 볼수 있습니다. 이런 식의 관찰로 살펴보면, 시험성적, 여름의 평균 온도 등 다양한 것들에 대한 해석을 하는데 도움이 될 수 있습니다.

제가 이것이 아름답다고 한 것은 에밀레종과 같은 예쁜 범종 모양이기도 하지만,

통계적 사고는 판단하기 어려운 일이 발생 했을 때 그것을 어떻게 해석할까에 대한 기준을 제시해 주기 때문입니다.

물론 정규분포의 패턴을 평균만 안다고 범종모양을 상상할 수 있는 것은 아닙니다(평균은 모든 학생의 키를 더해 더한 다음 인원수로 나누는 것을 알고 계실겁니다). 정규분표의 '표준편차 값'이라는 것이 필요합니다. 표준편차는 얼마나 평균에서 대상이 떨어져 있나 정도로 말할 수 있습니다. 이제 기본적인 개념을 설명해 드렸습니다. 이를 토대로 확률을 어떻게 투자에 적용해 볼 지에 대해 이야기해보겠습니다.

불확실하지만 투자는 꼭 해야 합니다.
투자는 불확실함이라는 속성으로 인해 결과에 대해 예측하기 매우 어렵습니다. 그런데도 투자를 왜 해야 하는가에 대해 다시 한 번 짚고 나서 확률 이야기를 이어가겠습니다.

부자가 되려는 사람은 그가 알아야 할 핵심적인 생각이 있습니다. 그것은 당신이 열심히 일하는 만큼 모아둔 돈에도 열심히 일을 시켜야 한다는 점입니다. 투자를 하지 않는다면, 평생 본인의 노력만으로 일하는 상황이 되어 버립니다.

꾸준히 매달 100만 원을 모을 수 있는 사람이라면, 이자가 붙지

않는 금고에 넣어두면, 10년 후 1.2억이 됩니다. 그 사이 1.2억
으로 할 수 있는 일은 10년 후에 더욱 줄어 들것입니다. 가만히
있어도 물가는 부를 잠식합니다. 그래서 내가 모아둔 자본도 나
와 협력을 해야 합니다.

그러다가 특정 구간을 지나면 나보다 더 많이 일하게 되어 내
가 돈을 위해 일을 할 필요가 없는 구간이 됩니다. 그때부터는
일은 나의 취미가 되어 해도 되고 안 해도 되는 것이 되어 버립
니다.

우리가 위기를 바라볼 때 공포가 아닌
확률적으로 사고 바라본다면, 사건들을 편안하게
바라볼 수 있을지도 모릅니다.

통계를 통해 불확실함에서 어느 정도 가늠이 가능한 상황으로
인식이 전환이 된다는 의미입니다.

이것은 마법 같은 일입니다. 어쩌면 정규 분포의 정보를 통해서
도 불완전하지만 지금 벌어지고 있는 자산의 조정이 어떤 상황
인지 파악 가능한 것이 될 수도 있습니다.

예를 들어본다면, 기업의 PER(주가/수익비율)입니다. 현재의 주가가 역사적 PER 수준에서 전체 표본 기간에서 몇 %의 범위에 알아보는 것만으로도 투자 대상에 대한 판단에 도움을 줄 수 있게 됩니다. 물론 이러한 사고는 현재의 통계치가 미래에도 어느 정도 이어진다는 순환적 인식에 근거합니다.

완벽하고 정확한 판단이라는 뜻도 아닙니다. 하지만 마치 미래에서 온 사람처럼 말하는 전문가의 이야기에 귀 기울이는 것보다 냉정한 숫자로 사고해보는 것이 낫지 않을까요?

여러분의 투자력과 멘탈을 올리기 위해 꼭 필요한 공부는 시장을 수치로 생각해 보는 방법 중 하나인 '통계와 친해지기' 라고 생각합니다.

피터 번스타인(Peter Bernstein)의 저서 《리스크》의 한 구절을 인용하면서 마무리합니다.

기술과 운이 필요한 상황에서의 승패 예측을 위해
적절한 정보가 필요하다.

통계 정보는 투자뿐 아니라 삶의 여러 어려움에도 도움이 됩니다. 인생의 수많은 상황에서 어려움으로 희망이 보이지 않을 때 여러분에게 통계적 관점은 위안을 드릴 것입니다.

핵심요약

불확실성을 가늠할 수 있다면 그것은 더 이상 불확실함이 아니다. 확률과 통계는 우리 삶에서 유용한 정보를 제공해준다. 통계는 아름다운 것이다.

03 _ 금융의 중력 이해하기

◆

우리는 중력을 거스르며 살아간다.

NBA 스타 코비 브라이언트는 이른 나이에 불의의 사고로 사망하였습니다. 지금은 고인이 된 그는 세계적인 농구선수로 크게 성공하였고, 사생활과 자기 관리 면에서도 큰 존경을 받는 인물이었습니다.

누구보다 성실하게 살아가고 훌륭한 커리어를 만든 그의 이른 죽음은 안타까운 일이었습니다. 그의 농구 커리어를 생각해 보면 그가 한 일은 누구보다 훌륭하게 그리고 끊임없이 중력을 거스르는 일이었습니다.

그는 지구의 중력이 끌어당기는 힘에 거슬러 농구공을 수없이 튀기었으며, 튼튼한 두 다리로 더 높이 뛰어 중력을 거스르며,

위대한 기록을 남겼습니다. 그의 삶과 같이 우리는 누구나 태어나 죽을 때까지 한정된 시간 안에서 어느 때라도 중력을 떠나 삶을 살아갈 수 없습니다.

중력은 이렇게 구성됩니다.

중력 =지구에서 우리를 당기는 힘 + 지구의 자전에서
파생되는 원심력으로 이루어진 힘

질량(무게)이 있는 모든 물체 사이에는 서로 끌어당기는 인력이 작용하는데, 특히 지구가 물체를 잡아당기는 힘을 중력이라고 합니다. 그리고 무게가 큰 것으로 대부분의 힘이 작용하기 마련입니다. 가장 가까운 예로 태양이 지구 주위를 돌고 있는 것도 모두가 중력 때문입니다. 이번 주제에서는 거스르기 힘든 우주에서의 중력처럼 언제나 존재하는 금융의 중력에 대해 이야기해보겠습니다.

돈은 지속적으로 늘어나는 상황이기에 거의 대부분 자산은 대체로 우상향한다.

'금융중력' 이라는 단어의 뜻은 전문가마다 조금씩은 다릅니다. 투자의 현인이라 불리는 워렌버핏은 금융중력을 금리에 빗대어 이렇게 표현하였습니다.

"금리는 다른 자산 가격에 중력처럼 작용합니다. 저금리 시기에는 자산가격의 상승을 가져오고, 고금리의 시기에는 자산가격의 하락 혹은 정체를 가져 온다는 것부터 시작합니다."

저는 이번 주제에서 이렇게 금융중력을 표현하겠습니다.

자본의 자가증식 현상과 통화량의 증대로 인한
자산 가격 우상향의 평균 회귀패턴

다소 낯선 단어들이지만, 하나씩 뜯어보면 그리 어려운 개념은 아닙니다. 의미를 함께 짚어가며 이해해 보시기 바랍니다.

자본의 자가증식 : 자본 스스로 시간이 흐름에 따라
그 수를 늘려 가는 현상

돈은 금고나 지갑에 보관하지 않고 어딘가에 적당 기간 예탁하면, 그에 대한 이자(반대급부)가 있습니다. 그 변수는 금리와 시간으로 결정됩니다. 그 두 가지 변수로 돈은 스스로 증식하는 경향이 있습니다.

통화량의 지속적인 증가는 국가들이 거의 무한정
돈을 만들어 내는 상황으로 인한 사건이라 할 수 있습니다.

그래서 돈을 금고나 지갑에 보관하면 시간이 지나갈수록 마이너스입니다. 그것은 국가들이 거의 무한정으로 돈을 찍어내는 상황에서 늘어난 통화량 즉 물가가 오르기 때문입니다. 내 돈은 그대로 있지만 세상에 발행되는 통화의 양이 늘어나서 다양한 대상의 가격이 올라가면서 내 금고 속 돈의 가치를 깎아내는 역할을 합니다.

현대 경제는 늘어나는 통화량 속에서 양적
성장이라는 결실을 맛봅니다.

그래서 투자의 본질은 인플레이션 속에서 얼마나 남들보다 그

흐름을 나에게 유리하게 가져가는가 하는 매우 중요한 문제입니다. 아이의 돈 관리를 교육하기 위해 빨간 돼지저금통에 하루에 100원씩 꾸준히 넣으라고 하는 것은 어리석은 교육일 수밖에 없다는 뜻입니다. 꾸준히 모았지만 사용한 것보다 못한 결과가 될 수도 있기 때문입니다.

'부동산을 지금이라도 사야할까?' 라는 고민에 대해 자가증식과 우상향의 패턴 측면에서는 '지금이라도 사야한다.' 라는 답변을 드릴 수도 있지만, 그 다음에 소개해 드리는 개념에서는 아닐 수도 있다는 의미를 만듭니다.

부동산을 지금이라도 사야할까요?

이 고민은 다음 단어를 진지하게 고민해보면 됩니다.

평균회귀 현상 : 가격이나
수익률이 상승과 하락을 반복하다가 결국에는
평균에 가까워지는 경향

실질적인 자산 매수 시 고려 대상을 소개드립니다.

투자를 고려할 때 판단의 요소들
* 시중의 유동성(M2)과 금리수준
* 대상의 희소성과 대체제의 출현 여부
* 일반적인 구매자의 소득수준
* 정책과 세율

인지 가능한 요소를 종합적으로 감안해서 현재 투자할 대상의 가격이 합리적 범위인지 벗어났는지를 고려해 보는 것이 투자자의 판단력입니다.

자산이 평균적인 상승에 비해 너무 급등했다고 생각한다면, 매수를 유보하고 아직 저렴하다 생각한다면 매수하면 됩니다.
더하여 투자를 할 때 추가로 생각할 것은 내 소득 상황이 좋고 나쁘다가 아닌 객관적인 세상의 흐름이 중요합니다.

금융중력에서 가장 중요한 것은 극단적인 일이 아닌 이상 뉴욕의 부동산이든 주식이든 채권이든 통화의 총량은 계속 증가하

기 때문에, 시간을 기다릴 수 있고 관리할 수 있다면 우량 자산
은 모아가는 것이 현명합니다. 그들을 합한 통화의 총량은 거의
항상 우상향합니다.

> 자산 가격은 직선적으로 올라가는 것이 아니며,
> 곡선형(사이클)으로 올라갑니다.
> 그것을 맞춘다는 것은 불가능하지만 얼마나
> 저렴하게 매수하느냐에 따라
> 투자의 결과도 결정된다는 것을 기억해야 합니다.

돈에도 눈이 있어 지속적으로 자신의 자리를 바꾸어 나갑니다.
자주 가격이 올랐다가 내렸다가 합니다. 이런 흐름은 투자 초보
자에게 상당한 조바심을 느끼게 합니다. 하지만 이것은 별것이
아닙니다. '신의 주사위'가 작동하는 것일 뿐입니다. 어떤 때는
1의 눈, 어떤 때는 6의 눈도 나오지만, 계속 던져 보면 대략적으
로 3.5라는 평균치가 나올 것입니다.

주제를 정리하겠습니다. 우리는 중력을 떠나 살아갈 수 없듯이,
투자에도 중력이 작용합니다. 지금 우리가 해야 할 것은 거대한
금융의 중력들을 잘 이해하고 거기에 발 맞추어나가야 합니다.

인간의 삶은 유한하며 그 중력 안에서 살아가고 그것에 저항해야한다는 것을 잊지 않았으면 합니다.

핵심요약

금융의 중력은 언제 어디서나 투자 세계에 존재한다. 그 힘을 거스르면 안 된다. 돈은 스스로 자가증식하며, 자산가격은 우상향 사이클로 큰 궤적을 그리며 평균 회귀한다. 종국에는 자산을 끈기 있게 보유한 자가 승리한다.

04_ 실질적인 부를 이해하기

◆

　　　투자자 뿐아니라 누구나 꼭 알아 할 인플레이션, 우리말로 물가상승의 위험에 대해 말씀드리 겠습니다.

우리가 벌어들이는 소득은 크게 두 방향으로 이동하게 됩니다.

생계를 위해 사용하느냐?

투자에 사용하느냐?

금융에 대해 잘 몰라도 열심히 일을 하고 받은 돈을 단순히 금고에 보관하게 되면 아무런 이득이 없는것을 잘 알고 계실 것입니다. 물가라는 요소에 의해 금고에 넣어둔 돈은 그 가치가 마

이너스가 될수 밖에 없습니다.

인플레이션의 결과로 슬픈 일들은 도처에 너무 많습니다.

1.가장 불행한 사람은 오래전 부터 특별한 투자행위 없이 수시 입출식에 차곡차곡 돈을 모은 사람입니다. 이자는 너무 작습니다. 그 마저 정부는 세금을 가져갑니다.

2.조금 덜 슬픈사람은 정기예금에 가입 하고 계속 예금이자가 떨어진다고 투덜거린사람입니다. 물론 세금을 차감하면 더욱 슬픔이 밀려옵니다.

3. 예금보단 낫지만 채권에 투자 하신 분들도 그와 크게 다를바 없습니다. 채권가격 차익을 적극적으로 추구한다면 조금 다를 진 모르지만 연 2% 대 이자를 준다고 10년 국채에 맡기는 사람 들 또한 슬픈사람입니다.

2002년 월드컵 당시 자장면 한그릇 가격을 기억 하시나요?
2002년은 월드컵이 개최된 해로 우리기억에 깊이 남아 있는 시기입니다. 그 당시 우리가 간편하게 먹는 식사라 할수 있는 자장면을 3000원에 먹을수 있었다면 약 20년이 지난 지금에는 6000원에 먹을수 있습니다. 만일 20여년간 아무런 투자도 하지 않고 금고속에 차곡차곡 모아 두었다면 여러분은 미래를 위해 차곡차곡 모아두기 전략이 대실패 였다는 것을 직감하게 될 것입니다. 단순히 저축을 하지 않고 대한민국 대표기업 삼성전자 주식을 모았거나 입지가 좋은곳에 30평 아파트를 구입을 해두었다면 그 돈은 더욱 가치가 있을 것입니다.

지금 부터 한편의 연극을 소개하려 합니다.

연극의 제목은 "인플레이션" 입니다. 주인공은 단연 각국 정부들입니다. 정부의 살림을 사는이들은 국가의 경영이라는 비즈니스를 주도 하고 있습니다. 물론 그들은 정당하게 투표에 의해 국가의 살림권을 위임 받았습니다. 그 위임으로 인해 그들은 화폐를 통제하고 급부의 반대급부를 이행하지 않는다면, 국민의 생사 여탈권 또한 가지게 되었습니다.

정부는 살림을 살기 위해 통화도 발행하고 채권도 발행하고 신용도 만들어내고 은행의 정책도 관장합니다. 물론 세금을 내지 않는 이들에게 가차없이 페널티도 가합니다. 당연히 국가의 경영을 위해 빚을 마련하여 필연적으로 인플레이션이라는 것 발생합니다. 국가도 성장이 없으면 생물처럼 곧 쇠퇴하기 때문일 것입니다. 하지만 그 행위가 단기적 성과를 위해 사용되고, 그 이후의 일은 나몰라라 하는 관점으로 치닫는다면 위험한 일이 발생할수 있습니다.

액션1. 정부는 스스로의 목적 달성을 위해 유동성을 공급한다.

결과1. 국가는 나라 살림이라는 비즈니스를 위해 거액의 돈을 선심껏 사용한다. 하지만 대부분 선심성 정책으로 인해 투자 대비 성과를 창출하지 못한다.

액션2. 국가는 반드시 돈을 버는 곳이 아니라 스스로가 생각하고 추가적인 유동성을 만들어 다시 더 많은 정책을 사용해 만들어 돈을 쓴다.

결과2. 잠깐 내수 경제는 개선되는듯 하지만 빚은 점점 더 커진다.

액션3. 뒤늦게 경제적, 정치적 부진을 만회하기 위해 더 과도한 빚을 진다.

결과3. 실질 성장이 없는 경제 상황에서 점점 통화의 실질가치와 명목가치는 괴리가 크게 발생이 시작된다. 자산가격의 버블이 발생한다.

액션4. 국가는 엄청난 물가상승에 갖가지 액션을 취해본다. 자산 가격 상승을 막기 위해 힘써 보지만 역부족이다. 시중의 유동성이 너무나 크다. 극단적으로 화폐가치를 유지하기위해 화폐개혁의 정책등을 사용하여 문제를 해결하려 한다.

결과1. 국내에서는 안정 상황이 일시적으로 연출 되지만 국외에서는 해당 통화를 신뢰하지 않아. 자본이 유출되고 무역 상황에서 심각한 문제를 겪는다. 점점 국가는 가난해 진다. 가난해진 국가는 오랜 침체를 겪게 된다.

정부의 암묵적인 불안한 거래는 계속되고 국민들은 어쩔수 없이 그 "연극"을 불안해 하며 바라볼수 밖에 없습니다. 물가가 지속적으로 급하게 상승한다는 의미는 내자산의 가치가 파괴되는 위험을 내포하고 있습니다.

생각해 보겠습니다.

현재 3,000에 햄버거를 사먹던 사람들이 그 다음해에 6,000원으로 햄버거를 사먹어야 한다면? 월 50만원의 월세집에 살던 사람이 다음해 100만원의 월세를 내야만 한다면?

이런 상황이 된다면, 대부분의 서민들은 큰 고통을 받게 됩니다. 전세계는 자주 위기 극복을 위해 과도하게 발행한 빚을 갚기위해 통화를 발행하고 그 고통은 자산이 없는 사람들이 당하게 됩니다.

2010년대 말의 우리나라의 물가 상승률은 안정적이었습니다. 숫자적으로는 모범적으로 느껴집니다.물론 적당한 인플레이션은 건강한 경제의 성장이라고 이야기 합니다. 하지만 국가가 제시하는 안정적인 물가 지표는 통계청에서 작성합니다. 우리가 자주 사용하고 이용하는 대상들을 지수화하여 다소 보수적으로 표현합니다.자신이 친 시험에 스스로 채점 평가를 해보는 구조입니다.국가는 "물가는 안정 되어있으며, 우리 나라는 살만한다는 것"을 보여주려고 노력합니다.

하지만 부동산 가격을 보면 전혀 그렇지 않다는 것을 느끼실 것입니다.인플레이션 위험은 단순히 우리 스스로의 씀씀이 가치만 낮추는 문제가 아니라는 것을 눈치채셨을 것입니다. 우리가 가지지 않은 대부분의 자산 가격들도 올립니다.

> 인플레이션은 장기적으로 자산가격 상승과
> 직결된다는 것을 이해해야 합니다.
> 자본주의 체제에는 이로 인해 항상 투자된 상태와
> 레버리지가 승리의 법칙일수 밖에 없는
> 이유가 여기에 있습니다.

우리가 자산에 투자하는 것은 변동성이 크고 자주멘탈을 흔들지만 부동산, 주식등에 자산을 담아 놓지 않은분들은 어떻게든 인플레이션을 피하지 못하는 것은 어쩔수 없는 현실입니다. 10년 전 부터 집을 살수 있었는데 전세로 거주하시는 분들이라면 크게 느끼실 것입니다. 또한 구매하고 내가 살고 있는 집이 하나도 오르지 않았다면, 알게 모르게 인플레이션에 공격 당한 것입니다.

그렇다면 어떻게 해야할까요? 자본주의에서 살고 있는 개인이라면, 머리가 아프고 어렵더라도 최소한의 투자공부를 해야합니다. 그리고 실질적 부의 가치를 유지, 증대 하기 위하여 투자에 적극적으로 고민하고 실행하여야 합니다. 인플레이션을 피하는 방법은 도망가는 방법이 아니라 게임의 법칙을 알고 그에 동참하는 것입니다.

핵심요약

인플레이션은 우리를 점점 가난하게 만듭니다. 그 가난에 저항하기 위해서 우리는 무엇에라도 투자된 상태여야 합니다.

05_두 개의 숫자로 기업 이해하기

◆

투자를 위한 두가지 중요 숫자는 알도록 하자.

초보 투자자에 갑자기 회계에 대해 이야기를 하는 것은 어려운일 일수 있습니다. 물론 회계를 잘 몰라도 투자는 잘 할수 있습니다. 또한 큰 수익을 거두는 것이 회계지식의 수준에서 결정되는 것은 아닙니다. 금융의 언어를 다루는것은 적정 시간과 훈련이 필요하기 때문에 쉬운일은 아닙니다. 하지만 핵심 재무제표라고 불리우는 기업의 대차대조표, 손익계산서, 현금흐름표 등을 이해 한다면 여러분의 투자에 훨씬 도움이 될 것입니다. 숫자를 잘 이해 하는 것은 초보에서 고수로 가는 길에서 거쳐야할 하나의 과정이라고도 할수 있습니다.

절대적 수치가 중요한가? 아니면 상대적 수치가 중요한가?

회계상 숫자 의의미를 어떻게 해석해야할까?

투자자는 높은 금융 Literacy(읽고 쓰는 능력)를 어느정도는 갖추어야 좋은 판단을 할때 도움이 됩니다. 저는 본서에서 실제 투자에 도움이 되는 핵심적 숫자 읽기 전략을 하나만 드리려 합니다. 이것은 절대적인 전략이 아닌, 투자자가 각자의 재무적 판단 프레임을 가져가는 것이 평정심을 유지하는데 도움이 될수 있는 예를 보여 드리는 것입니다.

현대의 투자트렌드는 과거보다는 훨씬 미래지향적이라는 판단을 하고 있습니다.

주식 투자에서 단연 중요한 키워드는 "미래의 성장"입니다. 그 성장을 확인하는 숫자는 투자 판단에 도움을 줄수 있습니다. 저는 성장의 대표적 재무비율 두가지(매출액 증가율, 영업이익 증가율)를 중심으로 아이디어를 전달 드리려 합니다.

재무비율에 대해 이해한다면 다양한 이점이 있다.

예를 들어 보겠습니다. A라는 사람이 특정 비즈니스를 인수하려 한다고 생각해 보겠습니다. 정보적으로 그가 인수하려는 비즈니스에 책정된 가격은 시장 평가에 합당한 수준으로 평가 되었습니다. 이제 그에게 도움을 주기위해, 어떤 정보를 살펴볼것을 제안 해야 할까요?

매출액과 영업이익의 변화를 잘살펴 보자.

손익계산서라는 재무제표가 있습니다. 이 표를 볼 때 핵심 포인트는 전기와 비교해서 매출액(revenue)과 영업이익(operating margin)이 얼마나 늘어났는가 라고 생각합니다. 절대적 금액이 아닌 전기 대비 "비율"이 얼마나 증감했는가 이 두가지를 살펴 보아야 합니다.

산식은 아래와 같습니다.

매출액 증감률 =(당기 매출액– 전기 매출액)/전기 매출액

영업이익 증감률 = (당기 영업이익 – 전기 영업이익)/ 전기

이 개념을 이해하는 것만으로도 비즈니스와 투자의사 결정에서 중요한 정보가 됩니다. 당연한듯 보이는 숫자들을 통해 투자자

의 통찰력은 자연스럽게 올라가게 됩니다.

매출액 증가에서는 산업의 성장을 이해 할수 있습니다.

먼저 "매출액 증가"에 대해 말씀드리겠습니다. 현대 경제는 전 세계로 각자 분업하고 있습니다. 예를 들어 특정국가에서는 반도체를 만드는데 중요한 장비를 만들고 또 다른 국가에서는 반도체의 설계도를 가지고 생산만을 담당합니다. 이러한 상황에서 분업화된 상황에서 매출액이 의미하는 바는 매우 중요합니다. 매출은 곧 사업의 확장을 의미이기 때문입니다. 글로벌 경제에서 매출의 증감의 속도는 소비자 기호의 변화로 매우 빠릅니다. 이것을 이해하기 위해서는 절대적 지표가 아닌 상대적 이해가 함께 해석이 되어야 합니다. 예를 들면, 매년 30% 성장하는 산업으로 전망되는데 당사의 매출액이 20% 증가한다면 만족스럽게 운영이 되고 있는 것일까요? 지속 성장하는 산업이라도 상대적 시장점유율이 줄어들게 된다면 미래에 만족스러운 결과를 얻는 것은 어려울 수 있습니다.

영업이익은 산업내 리더를 말해 주는 숫자입니다.

영업이익률이 점점 높아진다는 것은 점점 산업의 구도에서 주도권을 잡는다는 뜻입니다. 기업이 파는 서비스와 제품에서 가장 지배적 입장에서 있어야 이윤을 더 많이 남길수 있기 때문입니다. 초기 비즈니스 투자가 빛을 발하는 순간 효율성이 상당히 커지게 되면 점점 고정비와 변동비의 비중이 줄어들면서 이익의 폭이 점점 증가한다는 의미입니다. 실제로 미국의 빅테크 기업들이 매출의 성장 뿐 아니라 영업이익율의 성장으로 인해 그들이 노픈 평가를 받고 있는 것입니다.

실적이 장기간 상승하는 기업은 가치도 따라간다.

주가가 크게 상승한 기업들의 특징은 장기적으로 매출과 이익이 크게 늘었다는 공통점이 있습니다. 가장 대표적인 예로 전세계 시가총액에서 미국의 빅 테크 기업들의 예가 될 수 있습니다. 그들이 성공이 대단한 것은 현재까지도 성장 진행형인 상황이며, 앞으로도 상당기간 그 지위를 지킬것으로 예상되기 때문입니다. 실적 발표의 시기에는 거의 기대 이상의 매출액 증가율과 영업이익 증가율을 보여줍니다

정보(데이터)를 이해하는 것은 그 자체로 돈이 된다.

4차산업혁명 기업이라 불리우는 대부분의 기업들은 이러한 기

본 생각이 있습니다.

"데이터 자체가 부이며, 그것을 다루기에 따라
데이터의 가치는 무궁무진하다."

핵심은 이것입니다. 더 많은 정보를 가진 자는 더 나은 판단을
할 수 있으며 더 나은 판단은 효율성을 가져오게 합니다. 시행
착오가 적다는 것은 실패의 위험이 낮다는 의미이며 정보 자체
는 돈 그 자체라는 의미입니다. 우리는 재무비율에서 두 가지
눈여겨볼 정보를 공감하였습니다. "매출액 성장률과 영업이익
성장률" 장기 성장 기업은 두 숫자의 높은 레벨의 성장을 유지
함으로 월등한 기업 가치의 상승을 보여 주었습니다.

매출액성장과 영업이익률의 증가는
주가 상승을 가져온다.

좋은 예로 윈도우즈라는 압도적 운영시스템을 통해 개인과 기
업 PC를 통해 업무의 생산성 향상하는 시스템을 제공하는 "마
이크로소프트(티커:MSFT)"의 예를 들어 보겠습니다. 마이크로소

프트는 윈도우즈 만으로도 훌륭한 기업입니다. 하지만, 그들은 윈도즈, 오피스라는 운영 시스템이라는 주력 사업을 기반으로 데이터 클라우드, 업무 협업시스템, 자율주행, 게임 플랫폼 등 끝없이 그들의 세계를 더욱 공고히 구축하고 있습니다. 이로 인해 매출액은 지난 4년 동안 69% 성장하였습니다. (약 2016년 2분기 ~2020년 2분기) 2016년의 영업이익률은 24%(상당한 수준) 2020년 2분기의 영업이익은 37%(놀라운 수준)에 달합니다. 물론 이러한 성과가 있는 동안 주가 또한 4배가량 상승한 것은 기업에 대한 견고한 긍정적 기대가 반영되었을 것입니다. 마이크로소프트의 꾸준한 영역 확장(매출액의 증가)과 지위를 공고화(영업이익률 증가)하였습니다.

재무재표는 투자를 더 잘 이해할 수 있는 도구

재무 비율과 회계 수치만으로 주가가 이루어지는 것은 절대로 아닙니다. 그 수치들은 과거의 숫자들이며, 미래를 이야기 하는 애널리스트 등의 전문가들의 전망이 다 들어맞는 것도 아닙니다. 하지만 우리는 회계적 숫자를 통해 기업 비즈니스에 대해 보다 잘 이해할 수가 있습니다. 재무제표는 일반인은 가까이에서 지켜보기 어려운 상황에서 경영진이 기업의 가치를 최대로 높이기 위해 어떻게 활동하고 있는가에 대해 잘 파악할 수 있는 기업의 설명서라고도 할 수 있습니다.

그것을 잘 해석하는 수준에 따라 기업의 실제에 대해 더 잘 이해할 수 있을 것입니다. 두가지 숫자 뿐 아니라 각자가 중요하게 생각하는 숫자를 읽는 연습을 지속적으로 해나가야 할 것 입니다.

매출액과 영업이익 성장률은 산업의 성장여부와 산업내 지위의 변화를 알려주는 유용한 정보가 될수 있다. 회계적 숫자를 통해 판도의 변화를 읽는 것은 좋은 판단 정보가 될수 있다.

06_ 플랫폼에 투자하는 이유

◆

미국 빅테크 플랫폼 기업은 반드시 이해해야 한다.

우리가 살아가는 이시대에서 훌륭한 성과를 보이고 있는 투자처 중 하나는 미국 주식 시장입니다. 이 시장에 관심을 두어야 하는 이유는 제가 말씀드리지 않아도 수많은 시중의 서적에 잘 정리되어 있습니다.

많은 서적에서는 미국주식을 투자하지 않는 것을 자본을 잘 이해해지 못하는 것이라고 이야기 할정도 입니다. 물론 미국 주식시장이 절대적인 투자처는 아닙니다. 하지만 저는 그 시장을 이끌고 있는 미국 대형기술 플랫폼 종목에 대해서는 꼭 여러분에게 이해해 보실 기회를 반드시 드리고 싶어 책 후반부에 소개 드립니다.

네그리와 마이클 하트의 저서 〈제국〉 이라는 책에서 모티브를 가져와 소개드리겠습니다.

우리 인류의 역사는 압도적 제국의 역사라고도 할수 있습니다. 승자의 역사입니다. 과거 로마제국, 영국제국에 이어 현재진행형은 미국의 역사입니다.

제국에는 피라미드처럼 계층화된 힘의 체계를 가진다.
제국에는 3단계 계층을 가진 존재가 있습니다. 가장 상단에는 주권을 가진 존재 즉 황제 또는 국왕, 군주라 불리는 존재가 정점에 있으며, 다음 단계에는 그들을 보좌하는 귀족 또는 관료들이 존재하며, 그리고 그 하부에 대중(MASS)이라고 하는 존재들이 존재합니다.

여러분께서 마치 피라미드 를 상상해 보면 이해하기 쉬울것입니다.

과거 제국들은 가장 원초적인 부의 원천인 영토의 확장에 포커스를 두고 계속적으로 전쟁과 분쟁을 일으켰습니다. 그들은 지

피라미드 3단계 계층

속적으로 식민지를 넓히기 위한 전쟁은 더 많은 피라미드의 하부를 만들어 가는 과정이었습니다. 지금도 그 과정은 보이지 않게 반복되고 있습니다.

피라미드의 상단은 부의 상단 입니다.

피라미드 상단의 그들이 돈을 가지고 있다는 의미입니다. 현재 누가 부를 주도할까요? 그것은 바로 미국의 빅 플랫폼 기업들이 주도 하고 있습니다.

미국의 플랫폼은 미국의 지배와 통한다.

현대의 제국은 자본주의 체제 아래에서 미국정부, G20, 다국적 기업, IMF, 국제연합 등의 다양한 조직 네트워크로 연결된 권력시스템입니다. 특히 그것이 원활하게된 이유는 현대 통신기술과 수송기술의 진보를 통해 가능하게 되었습니다. 그 초 연결은 어디서든 제국의 힘을 과시하게 됩니다.

이제 제국은 과거처럼 더이상 영토 확장을 필요로 하지 않습니다. 제국은 그들의 기업으로 전세계에 막강한 통제를 행사하고 부를 끌어 모으고 있습니다.

그들은 현재에도 놀랄만한 성장성을 보여 주며 끝없이 성장하고 있습니다. 자본주의 핵심기업들은 이제 국가의 한계를 넘어 그들 자체가 하나의 경제적 제국입니다.

플랫폼 기업이라는 제국은 스마트폰 등의 종속기계를 통해 우리의 일상 깊숙히 침투해 우리를 전방위로 자본주의에 순응시키기 위해 암묵적 관리, 육성합니다.

우리는 우리의 의지와 상관없이 그 제국에 어쩔수 없이 포함되어 살아 갑니다. 그들을 떠나 무엇을 할수 있을까요? 그들로부터 벗어날수 없다면, 끊임없이 에너지를 축적해가는 플랫폼의 존재를 잘 이해해야 합니다.

특히 자본의 제국 최상부의 리더에 대해 이해해야 합니다. 이는 플랫폼에 대한 이해가 곧 부의 집중에 대한 이해이기 때문입니다.

현대의 미국에 투자하는 것은 과거 강력한 제국에 투자하는 것과 같다.

저는 투자 기초 파트에서 승자가 모든 것을 차지한다는 이야기를 드렸습니다. 초기 산업사회의 승자는 국가였습니다. 그 당시만 해도 영토확장을 위한 제국들의 경쟁은 큰 사건이었습니다. 제1차 2차 세계대전을 지나 서로간의 피해가 막대한 것을 이해한 후 서로간의 충돌을 피해 왔습니다. 이후 기술 경쟁, 경제 전쟁등 총성이 들리지 않는 힘겨루기를 해나가고 있습니다.

물론 국가는 지금도 막대한 힘을 가지고 있습니다. 예를 들어 세금을 징수해 그것을 자신들의 의사대로 나누는 행위를 하고 있습니다. 물론 정치인들이 그 이득을 모두 본다는 의미는 아니지만 정부는 부의 분배에 절대적인 힘을 가지고 있습니다. 우리

나라보다 훨씬 경제규모가 큰 미국의 영향력은 상상을 초월하는 수준입니다. 이들은 전세계의 비즈니스에도 막대한 영향을 끼치고 있습니다.

인터넷의 등장이 후 국가만이 플랫폼이 아니다.

플랫폼에서는 이러한 일이 일어납니다.
사람들이 경제활동을 한다. 경제활동을 통해 상호
이익을 얻는다. 플랫폼을 벗어나서는
큰 이득을 얻기가 어렵다.

국가는 빅테크기업 시대 이전의 광의의 플랫폼입니다. 하지만 인터넷이 세계를 연결한 이후 더 이상과거의 영광은 국가만이 취하는것이 아니게 되었습니다. 특히 영토확장과 자원 확보라는 전쟁의 실익을 얻지 못하고 있는 상황에서 가장 강력한 플랫폼인 미국은 그들은 플랫폼기업들을 통해 이득을 얻고 있습니다. 미국 자체가 플랫폼 오브 플랫폼입니다.

2차 세계대전 이후 미국은 세계의 리더가 되었습니다. 미국 핵심 기업과 부동산 그리고 채권에 투자한다는 것은 제국플랫폼 기반의 가장 높은 확률의 투자일수 밖에 없는 이유입니다. 이미 전세계 시가총액의 절반 가량을 확보 이 현상은 앞으로 더욱 심화될 것입니다.

플랫폼 워커가 될 미래 사회

여러분은 미래에 어디에서 일을 할 확률이 높을까요? 회사,사업체, 정부 모두 가능합니다. 하지만 상당수가 글로벌 플랫폼에 함께 일하게 될것입니다. 그곳에서 사업을 하지 않으면 수많은 기회를 가질수 없는 구조가 되었기 때문입니다.

> 플랫폼은 가장 뛰어난 기업이 아닐 수 있지만
> 가장 좋은 포지션의 기업입니다.

우리는 위대하고 강력한 플랫폼의 시대에 점점 더 미국의 애플, 구글, 페이스북, 마이크로소프트, 아마존 혹은 테슬라와 관련되어 일하게 될것 입니다. 아마 여러분의 비즈니스와 투자를 그들과 연결해 나간다면 더 좋은 결과가 있을것입니다. 바로 지

금 당장 그들과 협력해 보시기 바랍니다. 상상 이상의 결과가
나올것 입니다.

핵심요약

플랫폼의 이해도는 부의 이해도 입니다. 미국의 플랫폼 기업은
현대 제국의 첨병입니다. 거스르기 힘들다면, 이것을 이용해야
합니다. 그들을 잘이용 하려면 깊이 이해해야 하고 그것과 연
결해 생각하여야 합니다. 그렇게 하지 못한다면 스스로 좋은 실
력을 가지고도 크게 확장될 수 없을 것입니다.

07_ 잠잘 때도 편안한 투자법을 찾자

◆

고수익 투자에는 그만한 관리 능력이 따른다.

전혀 신경 쓰지 않고 편안하게 진행되는 고수익 투자법이 있다면 얼마나 좋을까요? 과연 그런 방법은 존재할까요?

물론 수익이 작은 원금이 보장되는 상품에 가입하고 1년이 지나서 1%의 이자를 받으면 신경은 쓰지 않겠지만, 당연히 그에 대한 결과에도 신경 쓰이지 않을 것입니다.

대부분의 고수익 투자에는 변동성이 있습니다.

투자자에게 하락 변동성이란 단어를 괴로움이라는 단어로 바꿀 수도 있습니다. 투자대상이 오르거나 내리거나 초보투자자는 내가 투자한 대상이 어떻게 될까라는 걱정에 잠기게 됩니다. 물론 그렇지 않은 분들도 계십니다.

상당히 돈 그릇이 크신 분이거나 전체 가계 자산에서 투자 비중이 매우 작고 삶에 전혀 어려움이 없는 투자자라면, 시세변동에 그리 불편하지 않을 것입니다. 하지만 크든 작든 내가 열심히 일하는 것처럼 돈도 열심히 일하기를 바라는 것은 당연합니다.

우리가 자본주의사회에 살고 있는 한 우리는 투자에 대해 잘 알고 좋은 결과를 얻고 싶은 욕망이 있습니다. 단 투자가 나를 정신적으로 괴롭히지 않아야 한다는 전제 또한 중요합니다.

저는 편안한 투자를 위해 필요한 3가지 신뢰를 준비 해 보았습니다. '신뢰하다' 는 뜻의 영어 단어 TRUST의 어원은 편안함을 의미하는 독일어 Trostf에서 유래되었다고 합니다. 신뢰라는 단어를 곧 편안하다로 이해해 보아도 될 것 같습니다.

---

1. 투자 대상을 깊이 신뢰한다.
2. 전략을 깊이 있게 신뢰한다.
3. 자신을 깊이 있게 신뢰한다.

하나씩 설명 드리겠습니다.

1. 투자 대상을 깊이 신뢰한다.

투자자가 깊이 신뢰할 수 있는 투자대상을 찾아서 보유한다면 투자가 편하게 여겨질 수도 있을 것입니다. 하지만 그것은 절대로 쉬운 일은 아닙니다.

상당히 굳건한 신뢰의 대상도 단기의 가격 변동과 기업의 가치에 대한 부정적 뉴스가 나오게 된다면 신뢰가 흔들릴 확률이 높습니다. 투자를 하고 시세가 변하면 흔들리는 것은 당연합니다.

신뢰의 이유는 투자자마다 모두 다를 것입니다. 신뢰의 깊이는 투자자 본인이 가지고 있는 배경지식과 경험 그리고 정보에 의해 좌우될 것입니다.

이 신뢰는 정해진 것이 아님을 이해해야 합니다. 하지만 진정 신뢰한다면, 이 신뢰의 순작용으로는 대상이 크게 조정을 받더라도 그 신뢰를 유지하고 대상을 의연하게 보유할 수 있다는 점입니다. 또 그것에 더욱 시간을 부여해 주거나 추가 투자를 할 수 있는 힘을 제공할 것이며, 위기를 기회로 삼을 수 있는 힘이 됩니다.

어렵지만 투자자는 신뢰를 가지고 편안해지기 위해 지속적으로 신뢰의 요소들을 스스로 점검하고 그것을 확인하는 작업을 부지런히 해나가야 할 것입니다.

2. 전략을 깊이 신뢰한다.

신뢰할 수 있는 투자 대상을 정하였다면, 이제 세부 투자전략을 구상해 보아야 합니다. 투자의 결과는 한 순간에 이루어지지 않고, 내가 매수한 주식을 항상 고점에서 매도 저점에서 매수할 수도 없습니다.

그러한 이유로 전략적 준비가 필요합니다. 물론 제가 말씀드리는 전략은 '장기투자, 분산 투자가 항상 정답이다' 그런 것이 아닙니다. 투자자들은 훌륭한 투자 대상을 두고도 미숙한 투자 전략으로 인해 많은 어려움을 겪습니다. 저는 많은 사례에서 훌륭한 전략 자체만으로도 투자 성과가 확연히 개선되는 것을 보아 왔습니다.

전략을 구상한 다음에는 투자 시스템으로 업그레이드해야 합니다. 시스템이란 여러분이 관여하지 않아도 자동으로 성과를 올릴 수 있는 단단한 구성을 말합니다. 단순하면서도 크게 의식적 노력을 하지 않아도 성과가 나는 시스템일수록 성공적이라고 할 수 있습니다.

이것을 조직하고 스스로 숙달하기 위해서는 시간과 노력이 필요한 일이지만, 완벽하게 조직할 수 있다면 돈으로 부터의 자유는 그리 높은 목표가 아닐 것입니다. 마치 높은 산에서 눈덩이를 굴려 커다란 눈덩이가 만들어지는 그런 기획을 하루 빨리 도전 해 보시기 바랍니다.

3. 자신을 깊이 있게 신뢰한다.

투자자가 좋은 아이디어와 훌륭한 전략을 가지고도 좋은 결과를 얻지 못하는 경우는 보통 멘탈 부족 때문일 때가 많습니다. 본인이 일하는 분야에서는 강철 같은 멘탈을 가진 분이지만, 투자에서는 조금 다른 행동을 보이는 분도 계십니다.
불가항력의 수많은 이벤트들이 투자 세계에서는 자주 발생하기 때문에 멘탈을 단단히 갖추어야 합니다.

투자 멘탈 가이드는 스스로를 깊게 신뢰할 수 있는 토대를 정신적 측면, 지식적 측면 재무설계까지 다루어 보았습니다. 스스로를 신뢰하는 것은 투자의 시작과 끝 아니 모든 것이라 생각합니다. 편안한 투자를 위한 3가지 요소를 정리해 보았습니다. 당신의 행복한 투자를 응원합니다.

잠잘 때 편안한 투자 대상은 특정 투자 대상에 존재하는 것이 아닙니다. 투자자의 신뢰와 전략 멘탈이 스스로 신뢰될 수 있을 때 언제나 편안한 투자가 가능할 것입니다.

깨지지 않는 다이아몬드처럼
스스로를 단련하세요

투자의 현인 워렌 버핏은 주식시장을 이렇게 표현하였습니다.

"주식시장은 인내심이 없는 자에게서 인내심이 강한 자에게로 부를 이동시켜주는 장소이다."

여러분도 공감하시겠지만 투자는 절대 쉬운 일이 아닙니다. 그 이유는 투자 대상의 시세에 스스로 영향을 끼치기가 거의 불가능하며, 자주 자신의 믿음을 시험하는 난이도가 높은 일입니다. 하지만 누군가는 시장에서 투자를 성공해서 큰 부를 가졌고, 누군가는 주식투자는 위험하고 절대로 해서는 안 되는 것이라고 합니다.

자신이 이룰수 있다고 굳게 믿는 사람은 그일을 성공할수 있고 할수 없다고 믿는 사람은 절대로 하지 못할것입니다.

여러분은 그저 투자는 어려운 것이니, 손실을 경험하고 다시는 투자하지 않고 머무르는 사람이 될 것입니까? 아니면 실패를 딛고 다시 일어서서 그들이 해냈다면 나도 해 낼 수 있다고 믿는 그리고 끝끝내 크게 성공하는 사람이 되시겠습니까?

저는 미래에도 당신께 깨지지 않는 다이아몬드처럼 강한 사람이 되실 수 있도록 응원할 것입니다. 투자 영역에서 강한 멘탈과 탁월한 지혜로 꼭 투자에서 승자가 되시길 바랍니다. 이 책에서 제가 드린 아이디어가 당신의 부의 초석이 되고 큰 근육이 되어 자리 잡기를 진심으로 바랍니다.

당신의 다이아몬드 멘탈을 언제나 응원합니다.

마지막으로 아내 박세정, 아들 유완, 딸 리아 그리고 부모님과 저를 염려해 주시는 모든 분들께 이 책을 통해 감사와 사랑의 마음을 전합니다.

다이아몬드 마인드를
가졌다면 이제 실전 투자에서
레벨업 하십시오.

주식 폭락장을 이기는
다이아몬드 멘탈 가이드

초판인쇄   2022년 01월 13일
초판발행   2022년 01월 20일

지은이   김규환
발행인   조현수
펴낸곳   도서출판 더로드
마케팅   최관호
IT 마케팅   조용재
교정교열   강상희
디자인 디렉터   오종국 Design CREO

ADD   경기도 고양시 일산동구 백석2동 1301-2
              넥스빌오피스텔 704호
전화   031-925-5366~7
팩스   031-925-5368
이메일   provence70@naver.com
등록번호   제2015-000135호
등록   2015년 06월 18일

정가 16,800원
ISBN 979-11-6338-219-5 03320

투자 영역에서
강한 멘탈과 탁월한 지혜로
꼭 승자가
되시길 바랍니다.